ENTENDENDO O MAPA DA MINA

A maneira mais inteligente, fácil e segura de se dar bem e entender como as mulheres funcionam

Catalogação na Fonte
Elaborado por: Josefina A. S. Guedes
Bibliotecária CRB 9/870

D229e
2019
	Dasi, Deva
	  Entendendo o mapa da mina: a maneira mais inteligente, fácil e segura de se dar bem e entender como as mulheres funcionam / Deva Dasi.
	  1. ed. - Curitiba: Appris, 2019.
	  103 p. ; 21 cm
	
	  Inclui bibliografias
	  ISBN 978-85-473-3122-1
	
	  1. Mulheres – Psicologia. I. Título.

CDD - 155.333

Editora e Livraria Appris Ltda.
Av. Manoel Ribas, 2265 – Mercês
Curitiba/PR – CEP: 80810-002
Tel: (41) 3156 - 4731
www.editoraappris.com.br

Printed in Brazil
Impresso no Brasil

Deva Dasi

ENTENDENDO O MAPA DA MINA

A maneira mais inteligente, fácil e segura de se dar bem e entender como as mulheres funcionam

Editora Appris Ltda.
1.ª Edição - Copyright© 2019 dos autores
Direitos de Edição Reservados à Editora Appris Ltda.

Nenhuma parte desta obra poderá ser utilizada indevidamente, sem estar de acordo com a Lei n° 9.610/98. Se incorreções forem encontradas, serão de exclusiva responsabilidade de seus organizadores. Foi realizado o Depósito Legal na Fundação Biblioteca Nacional, de acordo com as Leis nos 10.994, de 14/12/2004, e 12.192, de 14/01/2010.

FICHA TÉCNICA

EDITORIAL	Augusto V. de A. Coelho
	Marli Caetano
	Sara C. de Andrade Coelho
COMITÊ EDITORIAL	Andréa Barbosa Gouveia (UFPR)
	Jacques de Lima Ferreira (UP)
	Marilda Aparecida Behrens (PUCPR)
	Ana El Achkar (UNIVERSO/RJ)
	Conrado Moreira Mendes (PUC-MG)
	Eliete Correia dos Santos (UEPB)
	Fabiano Santos (UERJ/IESP)
	Francinete Fernandes de Sousa (UEPB)
	Francisco Carlos Duarte (PUCPR)
	Francisco de Assis (Fiam-Faam, SP, Brasil)
	Juliana Reichert Assunção Tonelli (UEL)
	Maria Aparecida Barbosa (USP)
	Maria Helena Zamora (PUC-Rio)
	Maria Margarida de Andrade (Umack)
	Roque Ismael da Costa Güllich (UFFS)
	Toni Reis (UFPR)
	Valdomiro de Oliveira (UFPR)
	Valério Brusamolin (IFPR)
ASSESSORIA EDITORIAL	Alana Cabral
REVISÃO	Bruna Fernanda Martins
DIAGRAMAÇÃO	Suzana vd Tempel
CAPA	Suzana vd Tempel
COMUNICAÇÃO	Carlos Eduardo Pereira
	Débora Nazário
	Karla Pipolo Olegário
LIVRARIAS E EVENTOS	Estevão Misael
GERÊNCIA DE FINANÇAS	Selma Maria Fernandes do Valle

Este livro é dedicado à minha mãe, Sônia, que me ensinou a acreditar em Deus, a ter empatia pelo próximo e a honrar os meus ancestrais. É dedicado em memória de meu pai, Ladeyr, que me deu uma missão junto ao meu nome de batismo: ser uma pessoa boa, que ajuda os outros. Espero estar cumprindo essa missão e que esteja orgulhoso de mim.

Dedico ao meu psicólogo Thiago Almeida e à Cristiane Bassi, por me incentivarem em todos os meus projetos e me ajudarem a conhecer mais sobre mim mesma. À Satya Kali, à Deva Puja e ao Evandro Palma, por me mostrarem tanto amor e toda a beleza do Tantra, ferramenta tão poderosa de cura.

Por fim, dedico a todos os "Josés" (meus coachees e interagentes), por enfrentarem os seus medos e confiarem em meu trabalho. Saibam que têm o meu respeito e admiração por serem esses homens de grande fibra e coragem.

PREFÁCIO

Falar do feminino não é uma tarefa fácil, mas confesso que é no mínimo intrigante navegar nesse universo tão fecundo. A mulher atravessou o tempo sem perder a força e a leveza, conhecê-la em sua sacralidade é para bem poucos. Feito a Mãe Terra, essa menina grávida que faz brotar diariamente de suas entranhas tudo que nos nutre, a mulher gera vida e a vida em abundância.

Confesso que fiquei feliz com o convite de Deva Dasi para escrever o prefácio desta bela obra, que abre uma infinidade de possibilidades de nos aproximar dessa criatura tão intrigante que é a mulher.

Com uma linguagem simples e bem descontraída, Deva Dasi revela a essência feminina que atravessou milênios e, sem a compreensão masculina, por vezes foi rechaçada, desrespeitada e vilipendiada em sua sacralidade.

O relato da autora ajudará muitos homens a reverem suas posturas diante das suas companheiras, dará também pistas valiosas para fortalecer os relacionamentos e refazer os que andam em direções opostas. A autora consegue falar de sexualidade de forma simples, sem devaneios e rigidez; fala com propriedade, pois não só é mulher como também é uma estudiosa no assunto.

Assim, o que me resta é convidá-lo para mergulhar no universo feminino e desbravar essa intrigante criatura. Conhecer seu processo de evolução, sua postura no cotidiano, como se relaciona, como ama, como sofre e como caminha para alcançar o que ela deseja, e juntos aprenderem e ensinarem aos desavisados que se desequilibram ao conviver com os ciclos lunares dessa criatura que exala doçura e força titânica.

Você pode se considerar um privilegiado, pois, ao ler estas linhas com atenção e colocando-as em prática, você certamente chegará ao pote de ouro que sempre quis encontrar. Essa joia rara tem nome, cheiro e gosto da vida.

Aproprie-se deste mapa e seja bem-vindo à mina de ouro que é chamada Mulher. Boa leitura!

João Bosco Tavares de Lima

Psicólogo, escritor, cantor e idealizador do Projeto Social
Semeando o Bem

APRESENTAÇÃO

Confesso que relutei bastante em escrever este livro para homens, já que aqui eu revelo os mais detalhados segredos femininos e, em mãos erradas, podem fazer um belo estrago. Porém optei por acreditar na imensidão de homens bons, bem intencionados e que estão desesperados por não saberem como reagir perto dessa "nova mulher".

Também sei que você odeia ler livros de autoajuda porque acha desnecessário, uma vez que o "líder da matilha sempre sabe o caminho de volta para casa".

A questão toda é que a minha vida sempre foi rodeada por homens desde a infância, e, por consequência, vi e ouvi de tudo o que a mente criativa masculina é capaz de fazer para provar sua masculinidade perante a sociedade. Mas também percebi que, lá no fundo, o cara se sentia mais oco que um bambu, sem entender por que a companheira perdeu a admiração que tinha, por que não existe mais aquela conexão de início de relacionamento, ou por que ela não queria mais saber de sexo.

Eu não sei o porquê, mas eu era uma espécie de confidente dos mais insanos problemas dos meus amigos e colegas de trabalho, e assim sou até hoje. Desde o que vinha chorando me pedir ajuda porque a esposa deu a entender que ia se matar, até o que teve que sair às pressas da obra em um porta-malas porque foi jurado de morte pelo marido traído.

A única coisa que me irritava profundamente era quando algum de meus colegas de trabalho pulava a cerca e me colocava como álibi das maracutaias. Mas no geral, eles se sentiam à vontade o suficiente para chorar, mostrar a sua fragilidade para mim.

Sim, homens choram na minha sala de atendimento. Homens choram nas sessões de Coaching on-line comigo. Isso mesmo que você leu. Até via on-line. Talvez seja porque eu não tenha nenhum tipo de julgamento com o que ele faz com a própria vida, ou porque uma vez o cara titulado na minha sessão "interagente" (interagente = paciente) ou "coachee" (coachee = cliente de Coaching) se torne "mulher" aos meus olhos. Sei lá...

Mas essa minha consciência do quanto mulher é complicada só me apareceu depois de começar a atender as mulheres. Percebi que o buraco era bem mais embaixo no universo feminino porque, além de existir uma infinidade de mulheres que pensam diferente, possuem corpos completamente diferentes.

É óbvio que um homem não vai pensar exatamente igual a outro homem e nem terá um corpo igual. Mas o homem tem uma vantagem enorme de estar tudo exposto. Já a mulher não! Além de a mulher ter sido a vida inteira "podada" no exercício da sua sexualidade, muitas não conhecem sequer o próprio corpo.

E só fui entender o que vocês sofrem quando eu tive que aprender a lidar com o corpo de outra mulher na Terapêutica Tântrica. Mas se eu, mulher heterossexual, que nunca tinha tocado em outra mulher, consegui entender e aprender, você também consegue!

Depois de ter atendido a tantos homens confusos e frustrados por não entenderem as mulheres, me senti incomodada e percebi que precisava fazer alguma coisa. Tanto para ajudar você a se relacionar melhor e entender as mulheres quanto para ajudar as milhares de mulheres que também se sentem frustradas com os relacionamentos. Por isso surgiu a ideia deste *Mapa da mina*!

Aqui vou lhe revelar os quatro aspectos da personalidade feminina baseados no pensamento (Capítulo 1), comportamento (Capítulo 2), fisiologia (Capítulo 3) e sexualidade (Capítulo 4). Ou seja, o pacote completo para que você saiba como proceder em qualquer relacionamento afetivo com uma mulher. E de quebra, você saberá como potencializar as suas chances de se dar bem com as técnicas descritas no Capítulo 5!

Mas este mapa só vai funcionar se você realmente ler e colocar em prática a ordem descrita aqui! Lembre-se de que não adiantará nada ter um mapa se você não souber como usá-lo. Afinal, como qualquer tesouro, não será tão fácil de achar... Mas ele te dará todas as pistas necessárias.

E se você, homem inteligente que é, aprender a ler, a se orientar, souber quais serão os equipamentos e recursos necessários para a sua aventura e escolher o melhor caminho para chegar lá, com certeza terá a sua merecida recompensa!

Escrevo com a esperança de que você coloque em prática o que eu vou te falar aqui, pois este livro definitivamente é o *download* da versão mais atualizada do Waze feminino para homens!

SUMÁRIO

cap. 1.
Aprendendo a ler o mapa feminino *14*

cap. 2.
Calibrando os instrumentos de localização *40*

cap. 3.
Encontrando o Norte Verdadeiro *52*

cap. 4.
Iniciando os trabalhos de escavação *68*

cap. 5.
Valorizando o seu ouro na bolsa *93*

capítulo 1

APRENDENDO A LER O MAPA FEMININO

Me lembro como se fosse ontem da minha primeira viagem para outro continente, que aconteceu oito anos atrás. Essa viagem ocorreu sem muito planejamento, e eu estava feliz por fazer algo que tinha sonhado realizar há muito tempo, mas não tinha tido oportunidade.

Apesar de super eufórica, eu estava me borrando de medo, pois não falava inglês direito, quiçá francês ou italiano (passei as festas de fim de ano na Itália e França).

Quando minha amiga e eu chegamos em Paris, fiquei completamente confusa com o transporte público da cidade. Eram em torno de seis mapas diferentes que, se não prestássemos a devida atenção, poderiam nos levar para qualquer outro lugar, menos onde gostaríamos de ir. O que isso tem a ver com o mundo feminino?

Cabeça de mulher é a mesma coisa. Parece um emaranhado sem fim de um monte de linhas de trem, metrô e ônibus que te deixam com a impressão de não possuírem conexão ou sentido algum. Contudo existem muito mais conexões e interligações entre si do que você imagina. Você só não consegue enxergar porque acredita que as informações na nossa cabeça são processadas da mesma maneira que é na sua...

Não. Nós não somos em nada iguais aos homens no quesito "armazenamento de informação". Não catalogamos as informações que recebemos em caixas e setores, igual a um almoxarifado.

Na nossa cabeça, é o mesmo que você ter uma "bagunça organizada", enquanto o homem, ao receber e processar uma informação, é mais ou menos assim:

"Ah, isso aqui vai para o setor de inútil."

"Isso aqui é trabalho."

"Isso aqui é entretenimento."

"Isso aqui é PERIGOSO!" (Como perigoso, leia-se: sentimentos no geral.)

"Isso aqui vai para o meu modo Armageddon." (Aquele lugar que você tem na cabeça com o seu arsenal de ferramentas que são usadas para consertar as burradas que fez.)

Não, meu bem... As mulheres têm a habilidade de fazer e desfazer as conexões entre sentimentos, conhecimento, lazer e espiritualidade mais rápido do que a velocidade da luz. Por isso, a primeira coisa que você deve parar de fazer com uma mulher é **catalogar seus sentimentos, palavras e ações como se elas fossem iguais às do homem.**

Aí você me pergunta: *"Dasi, se eu não posso catalogar, como é que eu vou entender?"*

É mais simples do que você imagina. Vamos ao início?

"E Deus disse: 'Faça-se a luz...'"

Para entender o pensamento feminino, é necessário fazer uma retrospectiva em milhares de anos. Mas vai ser rápido, prometo.

Mulheres desde os primórdios possuem uma desenvoltura para comunicação diferenciada dos homens, uma vez que ficavam em casa cuidando da cria e as ensinava a andar, comer, falar, se comunicar. Logo, as palavras têm muita importância para as mulheres.

Já os homens, enquanto saíam para caçar, tinham que se manter a maior parte do tempo quietos, pois ao menor ruído o jantar poderia ir por água abaixo.

O que essa informação tem de importante? Grave isso como um mantra na sua cabeça porque você vai precisar...

Falar e sentir que está sendo ouvida com atenção é muito importante para uma mulher.

"Dasi, mas elas me deixam louco! Mulheres falam demais! Eu não aguento!"

Bom, colega... O que preciso te lembrar é de que graças a essa habilidade maravilhosa de comunicação feminina é que você tem a capacidade de falar, mostrar ao mundo toda a sua inteligência, convencer o seu chefe (ou o seu cliente) de que você (ou o seu produto/serviço) é o melhor, e mostrar todo o seu charme para ser bem-sucedido em sua caça moderna (atrair uma mulher).

Agora vem a pergunta que não quer calar... Por que você não usa esse recurso maravilhoso que tem, chamado 'ouvidos', a seu favor? Escutar e ter o entendimento das palavras já está no seu gene há milhares de anos!

Sei que comunicação não é o ponto forte masculino. Mas ter escuta seletiva com mulheres também não vai te trazer nenhum benefício...

Ou seja, não é para fingir que está escutando, igual ao que você faz quando entra no *modus operandi* (que é aquele outro lugar dentro da sua cabeça em que você não pensa em absolutamente nada), olhando para ela, balançando a cabeça e concordando com tudo que ela diz, sem conseguir repetir uma palavra do que ela disse depois.

"Falar e sentir que está sendo ouvida com atenção é muito importante para uma mulher."

Mas tenha a certeza de que prestar atenção no que a mulher está dizendo vai te trazer muito mais benefícios do que você imagina! E o contrário também vale, tá?

Vou contar uma história de um casal de amigos que são a prova viva de que o seu *modus operandi* pode acabar muito mal.

Esse casal queria muito ter um filho e fazia um tempo que estavam tentando, sem muito sucesso. No dia que ela soube que estava grávida, resolveu fazer um jantar surpresa para contar que ele iria ser pai. Mas como era de praxe, o marido chegou em casa e entrou no *modus operandi*. Está curioso para saber o que aconteceu? Então lá vai... Acompanhe o diálogo durante o jantar (que ele obviamente não prestou atenção que era especial):

Ela: Amor, então... preciso te contar uma coisa maravilhosa... Tô grávida!

Ele: Ahã.

Ela: Eu... estou... grávida... de... dois... meses...

Ele: Ahã.

Ela: JOSÉÉÉÉÉÉÉÉ!

Ele: Que foi?!

Ela: EEUUUU TÔÔÔÔÔ GRÁÁÁÁVIDAAAAAAAA!

Ele: Jura? Uhuuuuuuuu!!! (Sai gritando pela vizinhança que vai ser pai, enquanto ela fica plantada sozinha na mesa de jantar. Minutos depois, retorna em casa.)

Ele: Sou o homem mais feliz do mundo!!! Por que você não me disse antes?

Resumo do que houve depois dessa última frase: ela saiu da mesa chorando, se trancou no quarto e não abriu a porta até o dia seguinte. E convenhamos, essa não é a melhor situação para um casal que estava planejando há tanto tempo ter um filho juntos...

Eu sei que para você chegar todo dia cansado do trabalho e ter de ouvir reclamação, filho chorando, solicitações sobre as mais diversas reformas necessárias na casa etc. te deixa muito irritado, e você acaba entrando no *modus operandi* de forma involuntária para evitar brigas.

Mas nesse momento, é essencial que você execute essa outra habilidade incrível que possui chamada "negociação" com a sua mulher. Quer saber como? Experimente dizer a ela: *"Querida, sei que para você é importante receber o meu apoio, já que você cuida tão bem de mim, da casa, dos nossos filhos, do cachorro etc. Eu vou te dar sim toda a atenção que você merece. Mas eu preciso ficar pelo menos 10 minutos quieto quando chego em casa depois do trabalho. Prometo que vou te ajudar em tudo que você precisa depois"*.

Grave esse outro mantra na cabeça e... Resolvido o problema. Você vai ter os seus minutos de paz, e em troca você vai dar o que ela precisa! Ambos saem ganhando.

Se você estiver realmente escutando o que uma mulher diz, vai perceber que ela te dará vários atalhos para conquistar os pensamentos e o coração dela. A questão é que sem insistentemente praticar e repetir os conceitos que aprendeu, você não alcança nenhum resultado.

Claro que você não vai ter noção no primeiro momento do que ela está tentando dizer, já que mulheres falam de forma muito subjetiva e acreditam que todos entendem as ironias contidas em suas palavras (eu sei, admito que é complicado porque às vezes nem eu entendo).

Mas encare essa informação como realmente um mapa: você precisa saber para onde está indo e depois **estrategicamente encontrar o melhor caminho para chegar lá, respeitando as regras de utilização do transporte público feminino!**

Como bom estrategista, eu sei que você adora um joguinho (seja no Playstation, Xbox ou até mesmo um truco). Mas tenho certeza de que em qualquer jogo desses você não ganha nada se não respeitar as regras. O mesmo vai acontecer com as mulheres.

Vá passando de fases e ganhando os bônus, criando força aos poucos, para que no final você possa usufruir do tão sonhado prêmio.

Contudo algumas coisas precisam mudar em seus conceitos sobre as mulheres, em especial no que tange à sexualidade.

Mas antes de começar a falar sobre sexualidade e comportamento, vamos falar sobre alguns mitos e verdades a respeito do **pensamento feminino**, pois é onde todas as questões, todos os bloqueios que ela tem a respeito dos homens se inicia. Assim você poderá entender claramente como as coisas com as mulheres funcionam e aprenderá como se lê o nosso mapa.

Mitos e verdades sobre o pensamento feminino

MITO 1

Mulheres que choram são frágeis e dependentes

VERDADE

Mulheres choram para extravasar as emoções. Isso não significa fragilidade ou dependência. É como se fosse uma válvula de escape para situações que as deixam tristes e chateadas.

Talvez a sua válvula de escape para melhorar a sua tristeza seja ficar calado por vários dias, ir correr, ou descer o braço em alguém na aula de artes marciais.

Mas, como já disse, mulheres não pensam e não agem como homens... E catalogar essa reação como fragilidade ou dependência é a maior burrada que você pode fazer.

É claro que algumas mulheres não tão bem intencionadas usam do choro como chantagem. Mas elas fazem isso porque os homens têm a ideia errada a respeito de como as mulheres lidam com suas emoções.

Eu não sei se você já assistiu ao filme *Divertidamente* (se ainda não, sugiro fortemente que você assista). Nesse filme existe uma cena interessante que diz exatamente como o choro é na vida feminina. O amigo imaginário da personagem mostrada na história tem o seu foguete jogado no esquecimento, e ele desolado custa a acreditar que a dona da mente quer esquecê-lo. A tristeza se senta ao lado dele e o conforta, enquanto ele chora um "vale de balas". Depois que ele chorou e se sentiu consolado, conseguiu se levantar e ir em frente.

Assim somos nós. Pode não ser agradável aos seus olhos essa reação e você ficar super confuso em como agir. Mas pode ter certeza de que não estaremos nem um pouco preocupadas com a sua confusão. E não, não iremos parar de chorar por causa disso... Porém existem duas possibilidades que podem ocorrer quando uma mulher chora: ou ela quer que você a conforte (abraço, carinho, sem precisar falar nada, ou falando mesmo), ou ela quer ficar sozinha (e talvez nesse caso, o motivo do choro seja você).

Para entender o que ela precisa que você faça, primeiro você precisa perguntar qual a razão do choro. Mas faça isso de uma forma tranquila. Por exemplo: *"O que houve para você estar chorando?"*

Espere pela resposta **e escute atentamente**. Por favor, guarde a sua revolta pelo motivo do choro no seu bolso. E em hipótese alguma abra a boca para dizer: *"Mas é só por isso que você está chorando?"* Primeiro que os sentimentos são dela, não seus. Segundo que ela não quer o seu julgamento, mas sim o seu apoio. Terceiro, quem aguenta dor de parto e cólica menstrual é perita o suficiente em resistência e força. Então se a mulher quiser chorar por causa do preço alto do tomate no mercado, ela pode.

Certas coisas não precisam de explicação. Assim como para os homens não existe explicação do porquê de mulheres irem ao banheiro juntas, para nós não tem explicação alguma vocês fazerem competição para ver quem arrota mais alto. E ponto.

Se ela não te der nenhuma resposta, nesse caso a única saída é você perguntar calmamente: *"O que você precisa que eu faça para você se sentir confortada?"*

Se nem assim vier uma resposta, então diga a ela: *"Eu vou te abraçar e ficar aqui do seu lado então, posso?"*

Se ela não quiser você por perto, ela vai ser obrigada a falar. Mas pelo menos você não vai ficar mais confuso sobre o que fazer.

Espere o tempo que for necessário até ela parar de chorar. Aí você terá condições de, passada a fase de extravasar, e se o motivo for por uma questão relacionada a você, argumentar o porquê de suas atitudes, ou expressar a sua opinião.

MITO 2

Mulheres só querem saber de homens que têm dinheiro.

VERDADE

Mulheres precisam se sentir seguras e protegidas. Talvez o que ela tem como padrão para se sentir segura seja o dinheiro. Mas não é exatamente *o dinheiro* que a fará se sentir segura, e sim as coisas que para ela são importantes para que necessidades básicas sejam supridas.

Mas para saber que coisas são essas, você precisa entender o que é necessidade de segurança e proteção **na visão dela.** E aqui a lista é insanamente variada. Pode ser que ela não precise de nada material, mas sim sentir que o homem irá dar o suporte emocional que ela precisa para realizar algum projeto que tem em mente.

Às vezes o cara tem muito dinheiro, dá um monte de presentes caros, mas não provê segurança emocional. Então não vai adiantar absolutamente nada, se essa for a necessidade dela...

Um dos casais dos quais sou a "fada madrinha" quase se separou faltando um mês para o casamento por brigas relacionadas a finanças. É um daqueles casos em que acontece tudo de forma muito rápida. Se conheceram em setembro, ele fez o pedido em dezembro e em maio do ano seguinte aconteceu o casamento. O rapaz é rico e a garota é classe média. Ambos são muito bem estudados (ela é ainda mais que ele, tem mestrado na profissão), mas isso não o impedia de dizer coisas sobre a questão financeira todas as vezes que eles brigavam e que a faziam se sentir humilhada. Até que ela se cansou e disse que não iria mais se casar. Chegou até a sair do apartamento que moravam juntos.

O que ele não entendia (ou não queria acreditar) é que para ela não importava o fato de ele ser rico. Importava a forma como ele a tratava.

"Dasi, como é que eu vou descobrir isso?" Vai ver que é mais simples do que marcar um gol no seu videogame... Faça as seguintes perguntas:

1. O que ela pensa ser importante em um relacionamento?

2. O que o homem deve fazer para que ela se sinta amada, segura e protegida?

E com essas respostas, você vai saber exatamente se estará em condições de atender ao que ela quer ou não.

MITO 3

Mulheres não gostam de se envolver com homens que sejam menos qualificados que elas nos estudos.

VERDADE

Mulheres querem se envolver com homens que procurem se desenvolver e melhorar todos os dias. Sabemos que, ainda mais nas condições de nosso país, não são todas as pessoas que têm acesso a uma educação de qualidade, aos estudos. Mas isso não significa que não possa se desenvolver como pessoa e como profissional gratuitamente. Existem muitas informações disponíveis na internet, vários cursos acessíveis financeiramente, ou você pode adquirir gratuitamente cultura e conhecimento apenas pesquisando livros na biblioteca municipal de sua cidade... Doeu essa frase? Pois é... Mas é a pura realidade.

Me lembro de quando estava saindo com um rapaz na faculdade, que fazia o mesmo curso que eu, e subitamente parei de sentir atração pelo sujeito por causa de uma frase dita por ele.

Naquele dia em específico, eu não estava a fim de sair com ele, e aí, muito irritado, ele me pergunta: *"Por que você não quer ficar comigo? Eu tenho carro, sou inteligente, faço faculdade pública de Engenharia, sou bonito, tenho olho verde, beijo bem..."*

A minha resposta: *"Porque você é igual a mim. Também tenho carro, também sou inteligente, também faço faculdade pública de Engenharia, também sou bonita e tenho olhos verdes, e você mesmo disse que eu beijo bem... então, não quero ficar com o meu reflexo... sorry..."*

Pessoa querida do meu coração... Eu sei que você precisa mostrar as suas penas lindas de pavão na hora de seduzir uma mulher... Mas não a ponto de ser arrogante! Não é um título, um diploma que determina a inteligência da pessoa! Conhecimento sem prática é o mesmo que zero. Eu já namorei pessoas extremamente inteligentes, tanto as que tinham diploma quanto as que concluíram somente o ensino médio. E nem por isso deixaram de se desenvolver por meio de cursos, de leitura de livros... Escrevem melhor inclusive que aqueles que têm diploma...

Então, procure se desenvolver em outras esferas da vida, afinal você é um ser completo: com sentimentos, desejos, anseios, receios, dúvidas e inclusive medo. E não faz o menor sentido ficar como um "homem das cavernas" sem saber sobre cultura geral, sem ler sequer um livro por ano. Abra a mente e o coração para se desenvolver não somente como profissional, mas como indivíduo, como ser humano que é!

MITO 4

Todas as mulheres querem se casar de véu e grinalda.

VERDADE

Mulheres querem realizar os seus sonhos. Se esse for o sonho dela, ela vai correr atrás dele. Mas se não for uma prioridade, ela não fará tanta questão.

Nos dias de hoje, nem todas as mulheres priorizam o casamento. Para muitas, o que vem primeiro é a realização profissional.

É claro que também queremos ser felizes no amor. Mas isso não significa necessariamente casamento em um castelo, com direito a carruagem branca, um vestido rodado igual a um bolo, e fazer a propaganda da família feliz em um comercial de margarina. Agora, se esse for um sonho dela, você saberá com certeza.

O mesmo vale em relação a filhos. Obviamente, em alguns casos, o relógio biológico começa a gritar e ela vai falar sem parar sobre essa possibilidade. Mas também existem milhares de mulheres que não enxergam a mínima possibilidade de serem mães, nem quando chegam na fase dos 40 anos...

E como disse, é suicídio catalogar todas as mulheres. Ainda mais como pessoas "insanas e desesperadas por causa de um casamento, somente para acabar com o seu suado dinheiro em uma festa em que as pessoas sairão falando mal".

MITO 5

Mulheres não suportam a desilusão de um término.

VERDADE

Mulheres não suportam a desilusão de serem enganadas por alguém que as amou um dia. Não tem nada pior para uma mulher do que um homem omitir a verdade ou negar que fez algo de errado com a desculpa de que não queria nos machucar, mesmo com todas as evidências apontando para a sua falha.

Eu sei que, mesmo que alguém tire uma foto na hora H, de seu traseiro com o seu RG estampado, você vai negar até a morte.

Mas essa atitude pode ter certeza de que dói muito mais do que a verdade de estar sendo traída, de saber que você se apaixonou, ou que está namorando outra.

As mulheres querem e precisam saber por você. Elas preferem que você diga o que está acontecendo, independentemente se o que elas vão ouvir irá machucar ou não.

Somos muito mais fortes do que vocês imaginam. Podemos viver muito bem sozinhas por muito tempo. E aqui vai o maior segredinho de todos: vocês pensam que escolhem as mulheres com quem saem. Mas somos nós que escolhemos o homem.

Sei que essa frase dói no seu coração, mas é a pura verdade. Então, se você quiser sair com dignidade de um relacionamento, com esperança de ter uma segunda chance se algum dia se arrepender (porque eu sei que é por esse motivo que você não fala nada), seja o macho que diz que é e prove com atitudes, falando a verdade.

MITO 6

Mulheres não gostam de homens que decidem tudo como forma de cavalheirismo.

VERDADE

Mulheres gostam de originalidade. Não há nada mais charmoso que um homem confiante, mas que saiba demonstrar sensibilidade. E para isso não precisa fingir ser algo ou alguém que você não é, somente para agradá-la. A única coisa que você precisa fazer é ser você mesmo! *"Ah, mas e se ela não gostar do que eu sou?"* Aí você vai saber que ela não está mesmo a fim de você. É um direito dela, assim como você também tem o direito de não gostar do que ela é!

Eu, por exemplo, sou o tipo de mulher que é decidida em tudo. Se tem uma coisa que me irrita e me tira do eixo é homem que não sabe nem o que quer comer no almoço ou no jantar. Pedir sugestão de pratos é uma coisa, mas ficar esperando que eu decida o que comer por ambos, aí é demais.

Uma vez saí com um rapaz que, para "tentar" me agradar, ser "cavalheiro", me pediu sugestões de lugares para sair. Dei a ele três sugestões para que pudéssemos escolher juntos. Mas ele não quis ir a nenhum desses lugares porque *"eu não como peixe, não como salada, não gosto de comida mexicana, não gosto de comida japonesa, não gosto de comida árabe e comi pizza ontem".* Eu já estava estressada com tantos "nãos" e nenhuma sugestão, então disse que a melhor opção era nos encontrarmos em um shopping.

Chegamos ao shopping e a "via sacra" por lugares onde tinha comida que ele pudesse comer começou novamente. Até que eu, já irritada até a tampa, disse: *"Então façamos o seguinte. Você pega o que quiser nessa praça de alimentação enorme, eu pego o que eu quiser, sentamos aqui e almoçamos juntos, ok?"*

Obviamente ele não gostou da sugestão porque ele queria um lugar "mais reservado", em que pudéssemos conversar... Depois de mais meia hora de fome, e eu já arrependida de ter saído de casa, ele resolveu ir ao Outback. E adivinha? Ele não queria escolher o prato!

Nessa hora, o Hulk que mora dentro de mim estava prestes a sair. E quando ele sai... meu amigo... não sobra pedra sobre pedra. Aí acabei pegando o menu bruscamente e escolhendo.

O final da história você já pode imaginar, não é? Não houve o "viveram felizes para sempre".

Então, se você quer ser cavalheiro, peça sugestões para a dama e escolha juntamente a ela a melhor opção. Se não te agradar as opções, fale o que te agrada e pergunte se para ela está tudo bem!

O mesmo serve para outras coisas, tais como filmes, bebidas, lazer, esportes, hobbies... Relacionamento é uma negociação constante, e precisa ser a mais justa para ambos os lados.

MITO 7

Mulheres acreditam e querem os príncipes que as salvem da bruxa malvada, mas não querem beijar os sapos.

VERDADE

Mulheres querem príncipes, não importa o espécime animal. Ou seja, não nos importamos que você seja um sapo, um pavão, um leão ou um elefante. Contanto que atenda às nossas necessidades de segurança, afeto, amor e nos trate com o respeito que merecemos, a sua espécie não fará a menor diferença.

Assim como você tem um padrão de beleza e comportamento da mulher que entende ser a ideal para um relacionamento, nós também temos o nosso modelo, o nosso príncipe. E isso varia muito de mulher para mulher.

Por isso, é muito importante você se manter original quando se trata de uma mulher. Mas para nós, príncipe em linhas gerais precisa:

a. Ser higiênico e cheiroso (não, não suportamos homens que não cuidam da própria higiene);

b. Cuidar da própria saúde e aparência (não há nada mais desolador que homem que espera por uma substituta da mãe);

c. Saber se virar sozinho quando se trata de arrumação da casa, das próprias roupas e sapatos;

d. Saber realizar serviços gerais. Ou, se não souber, que nos ajude a encontrar alguém que faça (neste item a lista é vasta, mas os mais comuns são pregar quadros na parede, abrir pote de palmito, matar baratas e ratos, consertar o chuveiro, o encanamento, a pintura etc.);

e. Nos ajudar com os mais diversos problemas que aparecem no carro;

f. Nos tratar com respeito, dignidade, carinho e amor;

g. Ser sincero e honesto.

Esses dois últimos itens independem do fato de você querer ou não algo sério com a mulher. Os verdadeiros príncipes sabem a diferença...

MITO 8

Mulheres não querem direitos iguais, querem desprezar a importância do homem.

VERDADE

Mulheres querem ter suas ideias e opiniões levadas em consideração, independentemente de seu sexo. Não vou falar aqui sobre feminismo, nem sobre direitos iguais etc., mesmo porque eu pessoalmente não acredito que os homens sejam culpados de todos os males femininos. Mas acredito sim que a falta de conhecimento, a ignorância de uma grande massa é a causa raiz de qualquer preconceito.

A questão é que, dependendo do caso e da frequência em que a mulher se sente invalidada por causa do seu sexo, se torna automático para ela pensar negativamente a respeito de qualquer comentário masculino. E isso independe do fato do homem estar ou não invalidando ela. É o mesmo que você espancar um cachorro desde pequeno e não esperar que ele cresça violento.

Para se tornar um pouco mais fácil de ser entendido, vou falar sobre a minha própria vida, com a esperança de que você possa se permitir entender o pensamento feminino por um outro ponto de vista.

Eu sou a mais nova de uma família muito grande. Sou a mais nova de 10 filhos. E dentre os 9 que estão vivos, 5 são homens. Mulheres não tinham voz e nem vez dentro de casa. Por que? Porque a crença coletiva da família por gerações era de que "homens podem tudo, mulheres devem fechar as pernas e servir ao homem, já que nós viemos da costela de Adão".

Eu não me conformava com um monte de coisas, como não poder usar biquíni, maquiagem, esmalte, nem tomar sol porque "isso não é coisa de mulher direita".

Todas as vezes que eu era "podada" em algo, parecia um vulcão prestes a entrar em atividade e destruir tudo ao redor. E quando explodia, fazia várias coisas ao contrário. Desde furar a orelha escondida aos 10 anos de idade, porque não me conformava com a frase "vaidade é pecado", até também tirar a carta de motorista escondida aos 19, já que para meu pai mulher não deveria dirigir. Inclusive ele chegou a cancelar a minha inscrição na autoescola quando soube das minhas intenções. Mas como pessoa inconformada que sou, pelo que você pode perceber, não adiantou nada...

Resumidamente, não me sentia protegida em nada pelo "homem da casa", mas sim completamente vulnerável aos possíveis ataques de qualquer pessoa, já que no mundo em que vivia, mulher valia menos que uma caneta Bic.

Não era protegida pelo meu pai e muito menos pelos meus irmãos que aprenderam a ser como ele. Não me lembro sequer de algum dia em que eles fossem me buscar à noite na escola por estarem preocupados se eu tinha conseguido pegar o último ônibus para casa, ou se não tinha acontecido nada demais no trecho de 2 km que caminhava sozinha todos os dias para chegar ao terminal. E quando iam, era com aquela cara feia e rabugenta, alegando estarem me fazendo um imenso favor, já que eu era muito "mimada".

Com a justificativa de eu ser "mimada" por ser a mais nova e ter tido condições melhores que eles, ouvi repetidas vezes: *"Você não tem capacidade de passar na prova para entrar no colégio técnico".*

De raiva, estudei igual louca, fiz a prova e passei. Mas isso não foi suficiente: *"Passar é fácil, duvido que você aguente um mês estudando lá, porque você é muito mimada".*

Me formei sem reprovar uma disciplina sequer. Mas você acha que a história para por aí? Então aguenta essa: *"Ah, fazer o colégio é baba, quero ver é fazer Engenharia".*

Minha reação foi escolher a pior, a mais difícil de fazer: a Engenharia Elétrica. E me formei, trabalhei com isso por nove anos, inclusive liderando muito bem equipes só de homens.

A visão deles sobre as mulheres só foi mudar depois que eles se relacionaram com pessoas que os ensinaram como uma mulher deve ser realmente tratada. E sou muito grata às minhas cunhadas por isso, pois hoje eles mudaram o comportamento não só com as companheiras, mas com as irmãs também. Agora posso dizer que me sinto protegida por eles.

Quanto a mim, só fui ter empatia pelo mundo masculino, mudar a minha visão e perdoar os homens da minha família quando consegui o meu primeiro emprego como engenheira trainee. Tenho uma imensa gratidão à equipe que liderei por um ano e acreditou em meu trabalho, aos meus chefes e aos clientes com quem trabalhei diretamente, pois nessa empresa eu fui ouvida, fui reconhecida pelos meus esforços. E finalmente entendi que o que havia vivido até o momento em relação aos homens da minha família era fruto da reprodução automática de um pensamento errado, advindo de várias gerações.

Algumas sequelas dessa crença ficaram marcadas em mim, inclusive em meu corpo, até hoje. Por não ter voz, desenvolvi hipotireoidismo aos 20 anos de idade. Por não ter vez, adiei muitos sonhos e vontades. Criei o meu próprio *modus operandi* para lidar com as pessoas que têm essa mesma crença que a minha família tinha. E a minha automação era: provar a todo o custo que estava certa, mostrando resultados.

O problema é que, por causa de todas essas questões, desenvolvi um padrão de reagir negativamente a qualquer fala masculina... Eu só conseguia perceber que estava o tempo todo provando minha capacidade depois de já ter resolvido algo que nem sempre era de minha responsabilidade.

Como, por exemplo, minha irmã havia me pedido para fazer um projeto de instalações para a reforma da casa da minha mãe e, como era para ela, logo quis caprichar. Fiz todos os desenhos bonitinhos em AutoCAD, lista de materiais com todas as especificações, projetei o quadro elétrico etc. Entreguei todos os documentos para minha irmã, e uma semana depois ela me liga: *"O empreiteiro disse que isso aqui que você fez não existe, que você está louca."*

A única coisa que ficou na minha cabeça foi a palavra "louca". Não me lembrei em momento algum de pensar que o cara poderia não saber a utilidade e função dos dispositivos que havia colocado no projeto.

Mas o que fiz? Saí mais cedo do trabalho, fui até as lojas de equipamentos elétricos, pesquisei, negociei, comprei todo o material mais importante e levei para a casa da minha mãe.

Chegando lá, fui descobrir que o safado do tal empreiteiro, além de não saber sequer ler os desenhos, havia roubado todos os maquinários e ferramentas do meu falecido pai, vários materiais e acabamentos que minha irmã havia comprado.

Ela havia dispensado o cara e o meu irmão resolveu executar o projeto. Expliquei tudo direitinho para ele, para não gerar dúvidas grotescas. E quase no fim da obra, meu outro irmão chegou em casa, olhou o quadro elétrico, olhou o projeto e riu de mim. Ele disse: *"É claro que essa obra não vai acabar nunca, ela fez um projeto da Nasa!"*

A minha raiva era tanta que eu tive que sair e andar descalça na grama. Passaram-se três meses e, enquanto conversávamos sobre todos os problemas que encontramos na obra, aquele mesmo irmão que falou que o meu projeto era da Nasa, chegou à seguinte conclusão (com toda a sabedoria de um engenheiro mecânico que dá palpite em projeto elétrico): *"Ah, o cara não ia instalar isso aí nunca porque não existe mesmo projeto de casa desse jeito".*

Quando eu pensei em abrir a boca para soltar toda a lava incandescente que estava em mim, minha irmã disse: "É, mas a conta de luz diminuiu de R$120,00 para R$35,00..."

Eu olho para ele, que está boquiaberto e pergunto: *"Você quer fazer mais alguma consideração a respeito do meu projeto? Ou quer um a la Nasa para você também?"*

O mesmo infelizmente acontecia no meu trabalho... Uma vez fui com o meu chefe e alguns colegas para uma reunião na planta do cliente. O chefe estava com muita dificuldade de encontrar uma vaga para estacionar, e reclamava cuspindo fogo que as pessoas da cidade não sabiam dirigir.

Quando ele encontrou um lugar, estacionou literalmente a um caminhão de distância do carro que estava atrás. Um dos meus colegas perguntou: *"Não é melhor estacionar mais próximo desse carro?"*

Ele respondeu: *"Não, vou fazer igualzinho a eles".*

Ficamos o dia todo em reunião e saímos atrasados para pegar a estrada até o aeroporto. Meu chefe, que já estava irritado por passar o dia todo resolvendo problemas e sem almoçar, quando chega ao carro descobre que alguém que "não sabe dirigir" estacionou atrás, colando o para-choque no nosso carro...

Espumando de raiva, ele grita: *"Aí, tá vendo??? Perdemos o voo! Essa merda não sai!"*

Eu, como projetista de sala elétrica, vendo que havia espaço suficiente na frente do carro para manobrar, disse*: "Mas chefe, o carro sai sim".*

Ele: *"Não sai, porra! Tô falando que não sai!"*

Meu colega: *"Sai sim, chefe, quer que eu tire para você?"*

Ele: *"Eu quero ver então! Mas quem vai manobrar é ela! E não quero ver ninguém ajudando!"*

Meu colega insiste: *"Eu manobro para você, me dê a chave".*

Ele: *"Não, quem vai manobrar é ELA!"*

Automaticamente pego a chave do carro, faço três manobras e tiro o carro.

Olho para ele e ironicamente pergunto*: "E aí, chefe? O carro sai ou não sai?"*

Ele sorri e me diz*: "Tá bom vai, garantiu o aumento agora."*

Tudo bem que eu nunca vi a cor desse aumento... Mas brincadeiras à parte, eu sabia que não poderia misturar as coisas. Meu chefe sempre defendeu a equipe, sempre esteve do nosso lado. E não seria justo confundir uma atitude automática de alguém que estava azul de fome, nos defendendo o dia todo perante o cliente, com um homem que não acredita no potencial feminino de direção. Mas mesmo assim, minha reação foi de provar que eu estava certa.

Hoje, apesar de meus irmãos duvidarem da minha capacidade algumas vezes, relevo porque sei que eles não fazem isso de forma consciente. Mas o que quero te mostrar com esses dois casos é que, mesmo que para eles essa seja uma ação inconsciente, não podem esperar que a minha reação de ficar chateada ou entrar em erupção seja nula, entende? Se você não conhece o contexto pelo qual a mulher passou, fica muito difícil padronizar as ações.

Eu tomei a decisão de não me importar com as dúvidas que os outros têm da minha capacidade porque agora elas estão muito bem resolvidas dentro de mim e eu sei que elas estão todas ali se eu precisar. Contudo não foi uma tarefa fácil.

Hoje eu sei que não preciso provar nada para ninguém, a não ser para mim mesma. Mas não são todas as mulheres que têm essa mesma visão que eu tenho. E por essa razão é muito importante que você entenda que as coisas que falamos e reproduzimos podem deixar marcas profundas na vida das outras pessoas e em nós mesmos.

Eu tenho certeza de que minha família e meu pai me proporcionaram o que eles acreditavam que fosse o melhor para mim. Eu sei que ele não mediu esforços com os recursos que tinha para me prover o que ele pensava que fosse necessário para me dar uma boa educação, bons valores. E se ele estivesse vivo, com certeza me incentivaria a quebrar mais esse paradigma.

E é por isso que eu escrevo. Porque eu acredito em você, assim como hoje acredito em meu pai, em meus irmãos, em meu chefe, em meus colegas de trabalho.

capítulo 2

CALIBRANDO OS INSTRUMENTOS DE LOCALIZAÇÃO

Bom, agora que você já sabe sobre os maiores mitos e verdades a respeito do pensamento, vamos falar sobre alguns dos comportamentos femininos.

Nesse sentido, o que precisa ficar claro para você é que, independentemente de ser homem ou mulher, os nossos pensamentos geram sentimentos, que por sua vez determinam nossas ações. Estamos trabalhando com uma questão universal, leis universais.

Sendo assim, para ficar mais fácil o seu entendimento sobre os comportamentos femininos, eu fiz uma analogia com as leis de Newton que são universais. Então lá vai...

COMO A LEI DA INÉRCIA INTERFERE NO COMPORTAMENTO FEMININO

A 1.ª Lei de Newton diz que:

"Todo corpo continua em seu estado de repouso ou de movimento uniforme em uma linha reta, a menos que seja forçado a mudar aquele estado por forças aplicadas sobre ele."

O que isso significa no mundo feminino em termos de:

SEDUÇÃO

Como disse anteriormente no Capítulo 1, nós escolhemos o homem. Mas em linhas gerais, entendemos que é o homem que deve quebrar a inércia para nos cortejar e provar que é o certo para nós, mesmo que ele se enquadre em nosso "modelo de homem", aquele que queremos ao nosso lado. E a menos que seja um caso em que a mulher esteja muito apaixonada, aí pode ter certeza de que ela não terá a mínima paciência para esperar você fazer o primeiro movimento, e vai ela mesma partir para o ataque.

Até aqui você pode pensar: *"Mas isso eu já sabia"*. A questão é que nós esperamos que essa lei **sempre seja cumprida**, assim como é regida a Lei de Newton. **Sem exceções.**

Ou seja, não entendemos o porquê de você parar de mandar flores, recadinhos, mensagens, levar para jantar, telefonar, dizer "eu te amo" e afins depois que conquistou.

Se quiser manter uma mulher ao seu lado, faça valer a primeira Lei de Newton no seu jogo de sedução que, com certeza absoluta, terá uma das melhores recompensas.

ATRAÇÃO FÍSICA

Não vai adiantar nada você exigir que a sua mulher inove no sexo se você logo após o ato dorme até roncar. Também não vai adiantar absolutamente nada você exigir que a sua mulher se arrume todo santo dia, cuide do corpo (com barriga de tanquinho, sem celulite, sem estrias etc.) se a única coisa que você sabe fazer é engordar feito um porco ou usar aquelas roupas desleixadas, com a barba por fazer feito um "náufrago". Se quer atitudes diferentes de sua mulher, saia da inércia e dê o exemplo. Lembra que eu falei anteriormente sobre relacionamentos? Que é uma negociação constante? O quanto está valendo a sua mina no mercado de suas ações? Pensa aí e depois reveja as suas atitudes, o que pode ser melhorado.

COMO A LEI DA SUPERPOSIÇÃO DE FORÇAS INTERFERE NO COMPORTAMENTO FEMININO

Na segunda lei temos que:

"A mudança de movimento é proporcional à força motora imprimida e é produzida na direção de linha reta na qual aquela força é aplicada."

O que isso significa no mundo feminino em termos de:

RECONHECIMENTO

Mulheres gostam de ser agraciadas e reconhecidas com elogios e presentes pelos esforços que fazem, assim como os homens. Reconhecimento é uma das forças motrizes que fazem a mulher se empenhar mais em deixar a família e o relacionamento mais felizes. Também precisamos de incentivo, somar forças com o companheiro para que consigamos seguir adiante.

Mas se quer deixar a mulher triste e chateada é agir como se fosse obrigação dela arrumar a casa, o seu guarda-roupa, lavar, passar, cozinhar, cuidar dos filhos sozinha, do cachorro, periquito, papagaio etc. Tudo bem que o acordo pode ter sido você trabalhar e ela ficar em casa, cuidando para que tudo esteja funcionando. Mas eu tenho certeza de que você gosta de ser reconhecido pelos seus superiores por causa do seu empenho, dedicação no seu trabalho. E além do mais, você é recompensado monetariamente por isso também. Já a sua mulher muitas vezes não recebe nem um "obrigado" seu por manter a casa funcionando enquanto você está fora. E quando ela resolve ir ao cabeleireiro, fazer a unha, tirar um tempo para ela mesma, você acha que é futilidade.

Então se você é do tipo que acha que a mulher não tem trabalho nenhum e é obrigação dela ficar em casa, fazendo tudo feliz e sorridente porque você é o que põe a comida na mesa, te lanço aqui o desafio de ficar um mês fazendo o mesmo que ela, sem ajuda de ninguém. Só para experimentar o que é ficar em casa sem fazer "nada".

Às vezes o que ela precisa nesse sentido é o mínimo de ajuda, como, por exemplo, lavar a louça do jantar ou no fim de semana, dobrar as roupas que estão secas, ou ficar com as crianças para que ela possa ter um tempinho de individualidade.

SUCESSO PROFISSIONAL

Sim, nós mulheres precisamos da força motriz do seu apoio quando se trata de sucesso profissional. Isso não tem absolutamente nada a ver com feminismo, com disputa para ver quem de vocês é o que ganha mais, com quem é o mais bem cotado no mercado de trabalho, ou com direitos iguais. Simplesmente precisamos sentir que você está feliz com as nossas realizações profissionais também. Precisamos sentir que podemos contar contigo, que está orgulhoso tanto quanto nós de nossas conquistas, e não ver inveja ou raiva espumando pelo canto da sua boca.

Lá no capítulo anterior eu deixei bem claro que, se você souber qual é a necessidade de segurança que ela precisa que seja satisfeita, e se for capaz de prover essa segurança a ela, não vai importar em nada o fato de você ser de uma posição menos privilegiada que ela no trabalho. Você continuará sendo o herói dela! Quanto mais você investir na motivação pelo sucesso profissional dela, mais benefícios lhe serão concedidos...

COMO A LEI DA AÇÃO E REAÇÃO INTERFERE NO COMPORTAMENTO FEMININO

A terceira lei diz que:

"A toda ação há sempre uma reação oposta e de igual intensidade: as ações mútuas de dois corpos um sobre o outro são sempre iguais e dirigidas em sentidos opostos."

O que isso significa no mundo feminino em termos de:

TRAIÇÃO

Mulheres, na maioria dos casos, vão partir para a traição se:

a. Souberem que estão sendo traídas e quiserem dar o troco;

b. Não tiverem as necessidades básicas de afeto, carinho e atenção satisfeitas pelo seu companheiro.

Como você pode observar, a reação dela será diretamente proporcional à sua ação contrária... Até mesmo nos casos em que a mulher tem uma energia sexual mais alta que o homem, ela irá se enquadrar no item B acima (já que uma necessidade básica dela não está sendo atendida), da mesma maneira que o homem agiria se a mulher não lhe desse a atenção sexual que ele necessita... E embora os homens traiam mais do que as mulheres (isso é estatisticamente comprovado no Brasil), eu sei que é muito difícil para um homem suportar o título de "corno" perante a sociedade.

Dentre as cinco principais causas de pedidos de divórcio partirem do homem, a primeira da lista é a traição, enquanto que para mulheres, esse mesmo motivo é o "lanterninha" do grupo. E essa também é uma estatística brasileira.

Então, meu amigo, se você não quiser ser chamado por um apelido tão carinhoso como esse pelos amigos, parentes e colegas de trabalho, observe primeiramente as necessidades de sua companheira e a satisfaça, antes que outro use a 2.ª Lei de Newton e acabe levando o seu maior *commodity* embora...

CIÚMES

Sim, será uma reação contrária à sua ação de estar dando bola, atenção, reconhecendo, dando suporte, enviando (ou recebendo) nudes, e falando muito amistosamente com todas as outras mulheres ao seu redor.

Sim, ela vai até o inferno se for preciso para saber com quem você anda, fala no Whatsapp, Facebook, Instagram, com quem você almoça, quando foi ao banheiro e quem foi que curtiu aquela sua foto no aniversário do filho do seu chefe pela última vez.

Somos capazes de remontar com a precisão de um foguete da NASA todos os recibos de cartão de crédito e notas fiscais que você picou beeeem pequenininho, só para não levantar suspeitas. Somos mil vezes mais eficazes que o Sherlock Holmes quando se trata de descobrir quem é que está ameaçando o nosso território. Macgyver é um estagiário a nossos olhos. Deixamos o FBI no chinelo. E sim, quando queremos, a nossa "rádio peão" é muito mais veloz que qualquer internet via fibra óptica que já tenha sido inventada... Por isso, preste bem atenção onde você pisa...

Uma vez um conhecido e sua namorada na época (que hoje é esposa) foram convidados por um casal para serem seus padrinhos de casamento. Todos os padrinhos, que eram muito amigos, resolveram fazer uma "memorável" despedida de solteiro para o noivo, enquanto as madrinhas iam com a noiva para a balada.

Em um dado momento da balada, a minha conhecida liga para o hoje marido e pergunta: *"Onde vocês estão?"*

Ele responde: *"Eu tô na zona tomando cerveja, hahahahaha."*

Ela gargalha com a brincadeira e desliga o telefone.

No dia seguinte, o noivo arrependido foi contar para a noiva que eles tinham ido aonde? Na zona... E ele se justifica:

"Mas amor, juro por Deus que não aconteceu nada! Tomamos umas duas cervejas e viemos embora!"

Em menos de 5 minutos **todas as oito madrinhas** já tinham sido alertadas da terrível notícia, de que seus companheiros estavam tomando cerveja com prostitutas na zona e que a ação conjunta seria exigir explicação dos respectivos para depois confrontar informações. E olha que nem existia WhatsApp nessa época...

Minha conhecida liga enfurecida para o marido, e ele responde:

"Ué, mas por que você está reclamando? Você me perguntou onde eu estava e fui o único que falei a verdade!"

A partir desse dia, minha conhecida não desconfiou mais do marido e o noivo ganhou pontos extras com a companheira... Então, se você quer ter a sua mina ao seu lado sempre, preste bem atenção em onde você coloca a sua atenção e o seu foco.

Eu sei que existem muitas mulheres que são insanamente ciumentas, assim como homens também. Mas nesses casos, é necessário tomar o devido cuidado para separar o que é realidade do que é fantasia. Pessoas extremamente ciumentas no fundo têm uma dificuldade muito grande de receber amor, atenção e afeto, uma vez que acreditam não serem merecedoras. Por isso, é bom procurar ajuda de um profissional para lhe auxiliar se for essa a situação.

| SÓ PARA OS CORAJOSOS DESBRAVADORES |

Eu sei que mulheres às vezes podem ser bem complicadas, principalmente quando falam que querem determinada coisa, quando no fundo elas querem outra totalmente diferente. Assumo a nossa necessidade de melhoria nesse aspecto. Afinal, você não tem a obrigação de saber o que exatamente está se passando em nossa cabeça.

"Então, meu caro, abra a boca e fale o que você está pensando e sentindo!"

Mas da mesma maneira que você não tem como adivinhar, nós também não somos obrigadas a adivinhar o que se passa na sua. Muito menos entender o que vocês estão sentindo se vocês não expressam os seus sentimentos.

É claro que a sua primeira reação é pensar que irá perder a admiração e o respeito de uma mulher se você chorar na frente dela, por exemplo. Nossa sociedade incute em todos nós que homens que choram são "fracos" e mulheres devem ser "belas, recatadas e do lar". Mas como já sabemos, a idade da pedra já acabou faz milhares de anos.

A grande verdade é que mulheres preferem saber o que realmente está se passando com você, com os seus sentimentos, e passam a te olhar com muito mais admiração quando você consegue demonstrar que não é (e não precisa ser) forte o tempo todo. Então, meu caro, **abra a boca e fale o que você está pensando e sentindo**!

Mas para que você seja bem sucedido na arte de dizer o que pensa, existe uma técnica que você pode (e deve) usar todas as vezes que você for expressar as suas opiniões. E eu te sugiro fortemente que ensine ela a fazer o mesmo contigo. A fórmula é bem simples:

Coisa boa – coisa ruim + coisa boa = mulher feliz

Ou vulgarmente conhecido como *Feedback Sanduíche*.

Vamos supor que você esteja chateado pelo fato de ela estar ocupada demais com o retorno da vida profissional e que esteja se sentindo largado. Não vá reclamar, dizendo o famoso: *"Você não tem mais tempo pra mim"*, ou *"Estou largado às traças".*

Você vai dizer a ela: *"Te admiro muito por estar buscando realizar os seus sonhos (+), mas sinto que estamos nos afastando a cada dia mais (–), e eu não quero isso, pois eu te amo (ou gosto de você), acredito no seu potencial e também que podemos ir muito longe juntos. O que eu posso fazer para te ajudar? (+)".*

Seja sincero nos elogios ou reconhecimentos, e fale com sinceridade e delicadeza o que você está sentindo. Pode ter certeza de que ela irá mudar da água para o vinho nas ações.

Outro exemplo, se ela pedir sua opinião sobre como ficou o novo corte de cabelo (já com aquela cara de choro porque nem ela gostou) e você tenha detestado o resultado, diga assim:

"Bom, você sabe que é linda de qualquer forma pra mim (+). E embora esse corte não tenha favorecido o seu rosto como antes (–), isso não faz a menor diferença porque eu vou continuar te amando do mesmo jeito (+)".

Isso vale para qualquer situação, seja com roupa, sapato, unha, ou na arrumação da decoração da casa. Se você não conseguir encontrar uma maneira de se expressar, peça ajuda a ela para desenvolver sua habilidade comunicativa e a traduzir os seus próprios pensamentos. Somos muito boas nisso.

capítulo 3

ENCONTRANDO O NORTE VERDADEIRO

Este talvez seja o capítulo mais importante deste livro. Aqui você vai entender de uma vez por todas como o corpo das mulheres funciona.

Não, não vou falar sobre órgãos sexuais e nem como estimulá-los a ponto de ela ficar louca por você.

Mas aqui compartilho informações ancestrais do funcionamento do corpo feminino que **determinam todos os nossos comportamentos e ações. E por isso, é muito importante que você entenda que a astrologia e as leis da física têm muita influência em nossa vida.**

Eu não sei se você já ouviu falar sobre Norte Magnético e Norte Verdadeiro. Sim, existem dois nortes. E quem descobriu essa façanha foram os navegadores chineses.

Eles perceberam que a Terra se tratava de um ímã gigante, e que poderiam se localizar por meio de um único ponto (denominado Norte). Mas quando tentavam alcançar o Polo Norte (geograficamente falando), percebiam que, se fossem orientados somente pela bússola, nunca chegariam lá.

Foi a partir desse conhecimento que surgiu a denominação Norte Magnético (o que é apontado pela bússola) e Norte Verdadeiro (o geográfico). Norte Verdadeiro é um ponto fixo no Extremo Norte da Terra, enquanto o Norte Magnético muda de lugar constantemente.

Aí você deve pensar que eu sou uma louca desvairada, falando de Norte Magnético e Norte Verdadeiro. Mas se você prestou atenção no que acabou de ler, deve ter percebido que esse pode ser exatamente o motivo pelo qual você não tenha sucesso em entender as mulheres.

Talvez você esteja levando somente em consideração a posição do nosso Norte Magnético, mas não está dando a devida atenção, ou incluindo na sua orientação, o nosso Norte Verdadeiro!

Eu sei que o que vou falar agora pode machucar profundamente os seus sentimentos. Mas eu faço isso de coração para o seu próprio bem. Então lá vai...

O NORTE VERDADEIRO FEMININO NÃO É DETERMINADO PELA POSIÇÃO DO SOL

Sim, rapaz. Embora você se ache o astro rei na vida feminina, o nosso mundo não gira em torno do Sol, mas sim da LUA. Claro que o Sol tem a sua importância, mas é pelas fases da Lua que a nossa vida funciona.

Assim como na natureza, em que a Lua determina o comportamento noturno de diversos animais, a intensidade das marés, os plantios e colheitas, é ela quem determina o nosso Norte Verdadeiro. É por meio das fases lunares que os ciclos femininos iniciam, terminam e assim o nosso comportamento também é alinhado. Ou seja, para entender o corpo, a mente e a alma femininos, é preciso olhar para a natureza, para a Mãe Terra, e observar a Lua.

Uma lunação (ou um ciclo lunar) tem duração de aproximadamente 29,5 dias e sempre inicia no primeiro dia de lua nova. Esse número faz algum sentido para você? Ou você achou que um ciclo menstrual tinha cerca de 28 dias à toa?

Agora vamos entender onde toda essa história se encaixa, entendendo qual é a influência de cada uma das fases da Lua na natureza e na Terra.

LUA NOVA:

É a fase em que esta se encontra exatamente entre a Terra e o Sol. Sendo assim, a face não iluminada da Lua fica de frente para a Terra e ela parece que "some" do céu. Nessa fase não é muito bom plantar, uma vez que plantas ficam mais susceptíveis a ataques de ervas daninhas. A seiva (sangue da planta) está mais concentrada no caule, em direção aos ramos. A Lua Nova é a responsável por marcar o início do mês nos calendários muçulmano, judeu e budista.

LUA CRESCENTE:

É nessa fase que a Lua se movimenta para sair um pouco da posição de estar entre a Terra e o Sol, dando o ar da graça, animada e contente. Tá, nem tanto assim, já que conseguimos enxergar apenas um quarto dela. A Lua Crescente é a responsável por movimentar a seiva, que começa a se mover lentamente para cima, para as copas das árvores. É a melhor época para o plantio também.

LUA CHEIA:

É nessa fase que observamos aqui da Terra a luz do Sol refletida em sua totalidade, aparecendo no céu majestosa. A Lua Cheia ocorre quando se completa o movimento de 180° iniciado na Lua Nova. Ou seja... É literalmente o oposto do que se tem na Lua Nova. Nessa fase a seiva está mais concentrada nas raízes, a perda de nutrientes e o ataque de ervas daninhas é menor, sendo ideal para o plantio de tubérculo e legumes que crescem embaixo da terra.

LUA MINGUANTE:

É a fase de movimento lunar oposta ao quarto crescente em 180°. Nessa fase da Lua, a luz começa a diminuir, assim como a energia e a força, mas não tanto a ponto de sofrer ataques de ervas daninhas. A seiva nessa fase é pouco absorvida no caule, nos ramos e nas folhas.

Bom, dito o que ocorre na natureza em todas as fases lunares, agora vou te explicar como nós funcionamos em cada fase de nossa "lunação interna". Assim você terá condições de entender as razões para agirmos de certa maneira em um determinado período e completamente diferente em outros.

Isso tem um nome específico: **Arquétipos do Ciclo Menstrual (ou lunação feminina).**

Esses arquétipos são as facetas femininas, ou os papéis que a mulher pode incorporar durante os aproximadamente 28 dias de seu ciclo menstrual. Então vamos a eles.

A Bruxa ou Anciã

Quando a bruxa ou a anciã toma conta de uma mulher, significa que é a fase do período menstrual. Esse é realmente um momento de renovação, de Lua Nova, em que temos a oportunidade de fazer uma "faxina" interna, deixando tudo o que não nos serve mais ou que não queremos em nós mesmas e em nossas vidas ir embora, abrindo espaço para o novo. Pode reparar que uma mulher nessa fase tem a tendência de se preocupar mais com a limpeza, sendo mais incisiva nas tarefas manuais, domésticas, e uma grande habilidade para a cura.

Nessa fase não temos muita disposição ou energia física, porque estamos vivendo o nosso inverno interior. Toda a nossa energia, a nossa força, está voltada para dentro, para a nossa espiritualidade e pensamentos. Nesse período nós acessamos muito mais facilmente o inconsciente por meio de sonhos e memórias que nem lembrávamos que ainda existiam. Também é uma fase em que, assim como as plantas na Lua Nova, estamos mais sensíveis às interferências externas, e por isso nos tornamos mais seletivas com o que escutamos, com o que vemos ou lemos. Porém, como nosso contato com o inconsciente está aflorado, podemos ter muitas visões do que queremos colocar em prática futuramente, e as mais diferentes ideias, os mais inusitados projetos podem iniciar a materialização aqui, com a vantagem de se usar a sabedoria de uma mulher anciã.

A Donzela

A mulher incorpora a donzela na fase pré-ovulatória do ciclo menstrual, sendo a fase correspondente à Lua Crescente.

Nessa fase a mulher tem muita energia vital, projetada para fora. Nos sentimos mais bem dispostas e ativas fisicamente, o que nos faz mais confiantes em nossas habilidades e capacidades, com muita vontade de aprender um monte de coisas novas. Nos faz sentir determinadas e independentes para iniciar, planejar, organizar e colocar em ação os sonhos e projetos que nos vieram do ciclo anterior. É uma fase em que o mental, o racional, está bem presente, embora tenha muita inspiração, positividade e esperança de que todo início será carregado de coisas boas.

A fase donzela é o equivalente à primavera, cheia de cores, de jovialidade, de extroversão e de alegria, porque o inverno se foi e o sol está chegando. Ou seja, ela começa um negócio novo, resolve ir à academia, começa a estudar, se preocupa mais com o desenvolvimento profissional e está muito animada.

A Mãe ou Cuidadora

Nesse período em que a mulher assume o papel de mãe, que coincide com a fase ovulatória, nos sentimos um pouco mais sensíveis, com uma energia voltada para fora. Ou seja, estamos mais atentas às necessidades dos outros, temos mais cuidado com o próximo. Esse é o período correspondente à Lua Cheia, ou o verão, em que se tem a abundância de Sol, de alimento e fertilidade.

Também podemos nos sentir mais amorosas, comunicativas, mais atraentes e confiantes quando se trata de sexo. Podemos sentir mais apetite sexual, usufruindo da sensação de ser capaz de dar e de receber, de sentir prazer. Essa é a fase em que não ficamos muito preocupadas em ter muito controle. Simplesmente deixamos as coisas fluírem, aceitando de forma tranquila tudo que nos acontece, sendo bom ou não. A fase mãe é marcada por encontros, festas, socialização e celebração da vida. Então você já sabe por que a mulher quer socializar em determinados períodos e em outros não...

A Feiticeira

Essa é a fase da tão incompreendida TPM, quando a mulher incorpora o papel de feiticeira. A temida TPM é na verdade a fase do período pré-menstrual correspondente à Lua Minguante e ao outono. Nessa fase estamos realmente recolhendo e armazenando nossa energia, avaliando a "colheita" de nossas vidas e de nossas relações. E nem sempre essa é uma avaliação positiva, porque a verdade acaba aparecendo. Ou seja, ela mensalmente precisa responder à seguinte pergunta: *"O verão acabou e já é hora de se preparar para o inverno. Você conseguiu colher o suficiente?"*

O que estava sendo omitido ou reprimido nos apresenta de forma escancarada, nos fazendo ficar extremamente impacientes, irritadas com os nossos próprios resultados. E a angústia, a autocrítica e a frustração podem nos fazer repensar nossas atitudes, revelando tudo que precisa de transformação em nossas vidas. Literalmente, estamos em nossa forma mais selvagem, com um desejo de ser livre e expressar o que está dentro de nós. E por essa razão, ela pode parecer um bicho enfurecido, pois nesse período ela estará reavaliando projetos, relações amorosas, amizades, o que ela doa e o que ela recebe, inclusive de você... Nessa fase não conseguimos planejar ou realizar absolutamente nada, já que o nosso pensamento voa, divaga muito facilmente. Mas em compensação, a intuição e a criatividade aumentam exacerbadamente.

Como você pode observar mediante toda essa explicação, o ciclo menstrual é o equivalente ao ciclo lunar. Iniciando sempre na Lua Nova (fase anciã), passando para a Lua Crescente (fase donzela), depois Lua Cheia (fase mãe) e finalizando na Lua Minguante (fase feiticeira).

O ideal e natural seria a mulher menstruar na Lua Nova para que esteja fértil quando chega a Lua Cheia. Seria o mesmo que viver sempre a fase da mãe, fértil tanto no sentido literal e sexual quanto na própria vida, nos projetos, na abundância. Mas nem sempre é isso o que acontece. E quando os ciclos (lunar e menstrual) não estão em sintonia, pode saber que há a influência direta do que ela está vivendo naquele exato momento da vida dela.

A mulher que menstrua na Lua Crescente está em um momento de transição, com a tendência para início de novos ciclos, como novo emprego, nova casa, novo projeto.

Quando a mulher menstrua na Lua Cheia, traz à tona um misto de feiticeira/anciã. Ou seja, é tudo dobrado. Ela terá uma energia monstruosa voltada para dentro dela mesma, mas com uma intuição e uma criatividade excepcionalmente aguçadas. Mulheres que estão menstruando na Lua Cheia possuem uma força pessoal fora do comum, demonstrando toda a sabedoria de uma mulher anciã em suas ações.

Já a mulher que menstrua na Lua Minguante também está passando por um momento de transição em sua vida. Contudo, diferentemente do ciclo Crescente em que ela inicia projetos e ciclos, na fase Minguante ela está mais propensa a encerrar ciclos, ao desapego de padrões, comportamentos e hábitos que já não servem mais. Ou seja, é a fase em que ela encerra projetos, relacionamentos e se desfaz de todas as coisas que não usa.

Para nós a natureza e a influência da Lua são tão intensas que, quando duas mulheres passam a conviver em um mesmo espaço por muito tempo, os seus ciclos menstruais se alinham.

É por essa razão que andamos em bandos, que precisamos fazer coisas juntas e pedir conselhos a outras mulheres. Porque somos interligadas a uma rede "Wi-Fi" universal com a Terra e a natureza chamada útero. Se você não sabe, a Terra é um enorme útero e muito fértil, que nos provê o alimento e tudo mais que precisamos para sobreviver.

Assim somos nós, mulheres, quando geramos a vida todos os meses. E se engana você quando pensa que a vida que me refiro é um outro ser humano. Vida aqui é no sentido mais amplo, como um novo projeto, uma nova perspectiva, um novo ensinamento. Não importa se a mulher já passou da menopausa, retirou o seu útero ou não menstrua mais. As fases de sua lunação interna continuam ali, pois o corpo todo foi programado para ser gerador de vida.

É por esse motivo também que a mulher trata o ato sexual como algo muito precioso. Em muitas mulheres, essa é uma reação totalmente involuntária e inconsciente. Por mais que ela pense que é uma necessidade básica, que é um direito dela ser livre sexualmente (assim como os homens são), a reação corporal dela é completamente contrária à sua vontade mental. É a nossa energia vital, o nosso poder de criação que estamos trocando com alguém que, se não estiver bem intencionado, não estiver vibrando na mesma sintonia, acabará por nos roubar essa energia.

Eu sei que você pode agora estar de olhos arregalados, achando que vai ter que carregar uma folhinha com as fases da Lua para cima e para baixo, controlando o ciclo menstrual da sua companheira. Mas não é esse o objetivo, mesmo porque nem toda mulher tem esse conhecimento tão profundo de si mesma.

O objetivo aqui é que você dê o primeiro passo, que é adquirir conhecimento. Passada a fase de conhecimento, vamos à parte prática. Porque conhecimento sem prática é o mesmo que nada...

O QUE VOCÊ DEVE FAZER NA FASE ANCIÃ (QUE É QUANDO ELA MENSTRUA)

Estimule a sua parceira a fazer trabalhos manuais, de contato com a terra ou atividades mais introspectivas. Pode ser cuidar de plantas, fazer tricô, crochê, bordado, pintura, meditação, leitura de livros ou escutar música.

Evite sexo nessa fase. Eu sei que tem mulheres que ficam com muito desejo sexual quando menstruam (e pode ser que nesse caso ela esteja menstruando na lua cheia), mas esse é um momento muito íntimo e que não devemos compartilhar com ninguém. É o momento em que ela precisa deixar ir embora o que realmente ela não quer mais para dar espaço a coisas novas, vida nova. E misturar a energia dela com outra que ela não tem controle (nesse caso a sua energia) pode ser o mesmo que uma "erva daninha" em sua plantação. Desculpe, mas é a verdade...

O QUE VOCÊ DEVE FAZER NA FASE DONZELA (PRÉ-OVULATÓRIA)

Passado o período menstrual, deixe ela começar os ciclos que ela quiser, aprender o que ela quiser ou o que você gostaria que ela aprendesse. E a estimule positivamente, dê o seu apoio nos projetos que ela iniciar. Se ela não tiver conhecimento desses arquétipos, por exemplo, é uma boa hora para você introduzir esses conceitos, para que ela inicie o autoconhecimento do corpo. Aqui também é uma oportunidade para começar a semear na cabeça dela as ideias que você tem de inovação na atividade sexual.

Existem alguns sites, algumas agendas especializadas em conhecimento do feminino ancestral que você pode dar de presente a ela, para que ela faça as anotações que são necessárias dos ciclos e, principalmente, do entendimento de como funciona o próprio corpo.

O QUE VOCÊ DEVE FAZER NA FASE MÃE (OVULATÓRIA)

Essa fase é a que mais vai aproximar o casal. É a que mais traz a conexão entre vocês. Aproveite para descobrir novas partes do corpo dela, pois ela estará mais sensível e receptiva ao seu toque. Isso não significa que você não possa chegar perto dela nas outras fases. Mas sim que você deve criar memórias boas, de prazer no corpo feminino. Assim, nas outras fases será muito mais fácil a sua aproximação, pois você já vai ter deixado ela reprogramada corporalmente para receber os seus estímulos.

O QUE VOCÊ DEVE FAZER NA FASE FEITICEIRA (PRÉ-MENSTRUAL)

Bom, nesse período do ciclo é importante você evitar conflitos por causa do seu *modus operandi*. Também deixe que ela se expresse livremente, sem pressão ou julgamento.

Mulheres escrevem muito quando incorporam a Feiticeira. Então, aproveite essa fase extremamente criativa para colocar no papel todos os projetos que vocês têm juntos. Será uma maneira de estar conectado a ela, mesmo em um momento de transição e avaliação da "colheita".

Chocolates são sempre bem-vindos e você também pode estimulá-la a dançar. A dança nessa fase é importante, pois conecta o movimento do corpo com os sentimentos, e dessa maneira ela pode se sentir mais livre para se expressar.

O QUE VOCÊ DEVE FAZER EM TODAS AS FASES DO CICLO

Deixar que ela expresse livremente o cuidado com o próprio corpo, sem julgamento, é um bom começo. Mulheres precisam de toque na pele. Precisam ter os seus rituais de beleza para manter o equilíbrio de corpo e mente com a sua própria natureza. Não, não é besteira ela usar esfoliante corporal, fazer drenagem linfática ou ter aquele monte de cremes no banheiro.

É claro que não deve ser algo exagerado, mas é de extrema importância que ela use pelo menos um hidratante corporal, ou faça um banho de assento, pois essa é uma das maneiras de ela se conectar com essa grande rede, com a Mãe Terra, e se manter saudável. Você pode incentivá-la a conhecer o próprio corpo por meio desses rituais de beleza.

Eu gostaria muito que todas as mulheres fossem detentoras desse conhecimento que compartilho com você. Mas infelizmente não é a nossa realidade. Tudo acontece de forma muito intuitiva, subjetiva, sem pararmos para pensar exatamente por que estamos em um dia de um jeito, e no outro totalmente diferentes.

*"Assim como a natureza,
em certos momentos
somos imprevisíveis."*

Assim como a natureza, em certos momentos somos imprevisíveis. Contudo, uma vez que você tenha o conhecimento dessas fases e um norte de como proceder em cada uma delas, fica muito mais fácil de evitar conflitos desnecessários. Sendo assim, ao compartilhar essas informações com você, tenho a esperança de criar uma harmonia entre as duas partes.

Ainda acredito que podemos viver em uma sociedade pacífica, com mais empatia pelo próximo. E como mulher, posso afirmar que ficaremos muito felizes se os homens puderem nos ajudar nesse autoconhecimento. Afinal, o homem tem um papel muito importante no universo feminino, com a sua energia de suporte, de objetividade. E quando sentimos que os homens estarão ali para somar as forças com as nossas, não duvide que nos sentiremos mais motivadas em dar o nosso melhor.

| SÓ PARA OS CORAJOSOS DESBRAVADORES |

Eu sei que você deve pensar que é nojento o sangue menstrual (e ela também). Mas não se esqueça de que você foi alimentado por esse mesmo sangue, rico em vida e energia, por nove meses dentro de sua mãe. Então, o mínimo de respeito deve-se ter por ele.

Mulheres que têm muitos problemas com a própria sexualidade, com a aceitação do ciclo natural da vida e do corpo são propensas a ter enxaquecas, cólicas menstruais muito fortes e uma fase Feiticeira muito difícil (a famosa TPM).

Por isso, o contato com a natureza, o pé diretamente na terra, é muito importante. Não importa se é a grama rala do seu jardim ou a areia da praia. O importante é fazer o retorno da energia, do ciclo de fertilidade para a terra.

Eu não estou te falando que é para ela fazer algum tipo de simpatia, mesmo porque eu pessoalmente não acredito nessas coisas. Mas como boa engenheira eletricista que fui, tenho conhecimento suficiente para dizer que o ser humano precisa estar aterrado, conectado com a terra para ter o equilíbrio constante de sua energia pelo corpo.

Fazer o retorno desse sangue para a terra por meio de um coletor menstrual ajudará muito na aceitação da própria natureza, da própria sexualidade. Sem contar a economia de dinheiro com absorventes e acabar de uma vez por todas com a enxaqueca e com as cólicas menstruais...

Por experiência própria, de uma mulher objetiva e analítica (que eu acho que nunca vou deixar de ser) pensava que tudo isso era uma baboseira. Até que resolvi colocar o meu "nojo" de lado e experimentar um coletor. Isso só aconteceu depois de ter o conhecimento, pesquisar muito, ouvir e ler relatos de várias mulheres sobre o assunto. E posso te garantir que foi uma das melhores decisões que já tomei em minha vida. Sou grata todos os dias a esse conhecimento que me proporcionou a aceitação do meu próprio corpo, e a paz por estar vivendo a minha sexualidade de forma plena.

Então, se você quer que a sua parceira seja feliz, comece por você demonstrando o devido respeito por esse momento mensal feminino.

capítulo 4

INICIANDO OS TRABALHOS DE ESCAVAÇÃO

Bom, meu amigo, agora que você aprendeu a ler, se orientar e chegar até a sua preciosa mina, vamos falar da parte que lhe interessa, o tão querido e desejado ouro: sexo!

Sim, sem mais delongas, vamos falar sobre sexo e sexualidade feminina. Apresentarei aqui os dados e os resultados de meus atendimentos como coach e terapeuta tântrica especialista em Disfunções Sexuais, ok?

Então vamos lá!

ASSEXUADA OU FALTA DE INTERESSE?

Todos nós, sem exceção, nascemos com potencial para sentir prazer. Então isso que você pensa, que mulher é assexuada, não existe. O que existe é mulher que ainda não descobriu o seu próprio corpo. Se ela nasceu neste planeta, tem um clitóris e uma vagina, então ela não pode ser assexuada.

Seja por questões morais, religiosas ou crenças populares, os pensamentos negativos a respeito de sexo e sexualidade acarretam no bloqueio do conhecimento do próprio corpo e, por consequência, na falta de interesse.

As possíveis razões para a falta de interesse no ato sexual variam de mulher para mulher. Mas o que você precisa ficar muito atento é quando a mulher tem um episódio de violência, trauma ou abuso de origem sexual. Isso se ela conseguir te contar ou se lembrar de tal episódio.

Por mais que para você seja algo que tenha ficado no passado dela, ou que ela mesma diga que não faz a menor diferença agora, um trauma dessa dimensão fica gravado na memória corporal para sempre. E isso reflete diretamente na sexualidade feminina e no comportamento geral.

Enquanto homens quando são abusados tendem a desenvolver compulsão sexual, mulheres tendem a se retrair. As mulheres sentem culpa, vergonha ou humilhação todas as vezes que acontece o ato e sentem prazer.

Pode soar contraditório, mas é assim que elas sentem. Na cabeça delas, fica a seguinte pergunta: *"Como posso sentir prazer por um ato tão abominável de violência?"*

O mesmo pode acontecer se você tem uma tendência a usar certos artifícios enquanto estiverem fazendo sexo, como, por exemplo, tapas no corpo (principalmente no rosto), ou obstruir a respiração dela. Se ela tiver um episódio de violência doméstica ou na infância, mesmo que ela não se lembre no momento disso, o corpo não a deixa esquecer. A memória corporal falará mais alto e ela irá se retrair cada vez mais.

Nesses casos, o ideal é vocês terem uma conversa franca sobre a situação e procurarem um profissional especializado para lhes ajudar.

O NÃO NO SEXO SEMPRE SIGNIFICA NÃO

Já que falamos a respeito de abuso e traumas, tenho a obrigação de falar sobre isso, pois essa é uma das situações mais desagradáveis que podem acontecer e bloquear a sexualidade feminina.

Isso pode parecer balela para o homem que, de tanto insistir, consegue vencer a mulher pelo cansaço, ou que tem aquele pensamento errôneo de que "ela diz não, mas no fundo quer dizer sim".

Mas não é, meu querido... Em 37,5% dos casos de mulheres com anorgasmia/dispareunia que atendi, as respostas corporais revelaram que até o simples toque na barriga por insistência do homem (e sem o sincero consentimento dela) foram suficientes para ficarem registrados como memória de abuso. E convenhamos, 37,5% é um número bem alto.

Eu sei que você, no momento do coito, pode parecer que perdeu completamente a noção, os seus sentidos. Também sei que às vezes você não está nem um pouco preocupado com a mulher que está contigo, afinal de contas, na sua cabeça sexo é só sexo.

Contudo é uma questão de respeito com o próximo, é uma questão de humanidade. Eu tenho certeza absoluta de que você não gostaria de saber que uma mulher importante em sua vida (seja sua mãe, irmã, tia, avó) tenha sido insistentemente induzida a fazer algo que não queria, e que por essa razão possa ter desenvolvido uma disfunção sexual.

Agora a pergunta que não quer calar: as suas ações com as mulheres que sai podem ter sido reproduzidas com as mulheres importantes em sua vida?

Fica aqui essa reflexão, juntamente com essa informação que acabei de compartilhar, para que você possa pensar duas vezes antes de insistir.

LIBIDO

A libido feminina (ou a falta dela) pode estar relacionada com os arquétipos do ciclo menstrual, como também a fatores clínicos. Hormônios desregulados são os campeões na influência da libido, seguido de infecções, nódulos, bem como a própria depressão.

Contudo, se clinicamente com ela estiver tudo bem, então a questão é mais psicológica mesmo. E nesse contexto, influenciam os bloqueios por questões religiosas, morais e culturais.

A minha sugestão para os homens que não sabem lidar com a falta de libido feminina é: lembrem-se de que a mulher não se traduz em órgãos genitais! O ser humano tem a capacidade de desenvolver a sensibilidade corporal para que ele seja todo orgástico. Então, colega, explore cada centímetro do corpo da sua parceira, até carregá-la de memórias boas.

Outra ferramenta que ajuda no aumento da libido, além dos exercícios de pompoarismo, claro, é o uso dos chamados *yoni eggs. Yoni egg* (ou gemas de cristal) são cristais em formato de ovo que são utilizados para diferentes objetivos quando introduzidos no canal vaginal. Sucintamente, eles têm a propriedade de equilibrar a energia no corpo feminino. E a forma como esse equilíbrio é alcançado varia muito com o tipo de pedra.

Existem vários cursos de empoderamento feminino que ensinam a mulher a usar esse recurso, que não só aumentará a libido, como a beneficiará em vários outros aspectos.

USAR OU NÃO USAR O VIBRADOR: EIS A QUESTÃO

Existem muitos casais que têm dúvidas sobre o uso do vibrador, se é bom ou não. Também há muito preconceito e falta de informação sobre esse recurso, e muitos homens se sentem incomodados quando a mulher faz uso de um.

Mas o que precisa ficar bem claro para você é que, da mesma forma que você usa a mão para desfrutar do próprio prazer, ela pode fazer uso do vibrador... Simples. Cabe somente a ela decidir se vai querer fazer uso dele ou não.

Não gosta de pensar que ela está imaginando outro enquanto usa o vibrador? Bom, nesse caso tenho duas sugestões especiais para você. A primeira é comprar para ela um vibrador clitoriano. Como todo músculo, o clitóris precisa de tonificação para não atrofiar. Esse estímulo irá ser muito benéfico para ela e para você também. Afinal, além de aumentar a lubrificação, ela começará a ter maiores contrações no canal vaginal.

Esta segunda sugestão talvez você não goste muito. Mas como você se disponibilizou a saber o que uma mulher tem a dizer sobre isso, então não fique com raiva da mensageira, e sim da mensagem...

Experimente você usar a sua mão sem imaginar outras mulheres... Tenho certeza de que você vai se sentir melhor depois e não encanará tanto com ela usar um vibrador...

EJACULAÇÃO FEMININA

Há muita especulação a respeito desse tema, já que você vê a rodo nos filmes pornôs as atrizes jorrando e acredita piamente que seja verdade, algo fácil de se reproduzir na vida real, e que a mulher deveria jorrar todas as vezes que faz sexo.

*"O ser humano
tem a capacidade
de desenvolver a
sensibilidade corporal
para que ele seja todo
orgástico."*

Acontece que nem os especialistas em sexualidade chegaram a um consenso sobre a necessidade de tal fenômeno. Então o que preciso falar a respeito desse tema é: esqueça essa história de que a mulher deve ejacular!

Essa não é uma característica que precisa ser desenvolvida em todas as mulheres. Basta que ela tenha lubrificação. Se você insiste nessa história, a mulher que não consegue vai se achar um E.T., o que não é verdade! E isso pode atrapalhar ainda mais o desenvolvimento da sexualidade dela. Sem contar que, na busca incessante pela "ejaculação", ela pode desenvolver uma bela incontinência urinária! Então, cuidado com o que você traz para a sua vida real. Às vezes um capricho pode custar muito caro para a pessoa que você ama.

SEXO NA GRAVIDEZ

Eu sei que é um impasse para você e para ela ter relações no período gestacional. Afinal, a libido baixou (ou está lá nas alturas) e ela está redonda, com o corpo modificado.

Para alguns homens, é algo impensável, pois além de ter a questão do desejo por um corpo que não é mais o mesmo, o homem para de enxergar a companheira como mulher e só vê a mãe, ou tem pudores a respeito do bebê que está na barriga (se for menina então, lascou...).

Por outro lado, esse é um momento delicado na vida da mulher. Ela está com uma carga de hormônios muito grande no corpo e com várias questões na cabeça que não consegue resolver.

Pensa que não será mais desejada, o corpo nunca mais será o mesmo, há a preocupação com o desenvolvimento da gestação, o medo do parto e o que virá depois do parto. Ela sabe que tudo o que sente será reproduzido no bebê, e a natureza dela briga com a mente, principalmente se não for uma gravidez desejada, planejada.

Por isso é muito importante que a comunicação entre o casal esteja afinada no período gestacional. Ou seja, ambos falando na mesma língua.

Se ela não está com muita libido, ou o médico sugerir uma abstinência, procure explorar a pele. Além de a pele ser o maior órgão do nosso corpo, trará a ela memórias boas de carinho, amor e conforto vindos do companheiro.

E se a questão for você enxergá-la somente como a futura mãe, esquecendo-se da mulher, eu gostaria de lembrá-lo de uma coisa: mesmo que você não queira imaginar isso, a sua mãe também é uma mulher... muito antes de você nascer... e não deixou de ser mulher só porque você nasceu.

Se o sexo não fosse tão importante, você não estaria aqui para ler este livro... E talvez seja esse o momento de você mudar a própria visão que tem a respeito disso. Essa troca de energia vital deveria ser honrada da forma simples que é. Sem interferência de terceiros. Afinal, que tipo de vida você está criando todas as vezes que usa a sua energia vital? Fica aí a reflexão.

SEXO APÓS O PARTO

Esse é um dos momentos mais críticos para o casal. É nesse momento que ela se esquecerá do seu papel de mulher e irá se dedicar ao papel de mãe. A libido vai baixar a praticamente zero, principalmente pelo fato de ela estar produzindo os hormônios para manter a lactação e alimentar a criança.

Nesse contexto, o homem se sente muitas vezes abandonado pela companheira, o que acaba os afastando ainda mais.

O importante é criar a consciência de que, passada a fase do puerpério (que é a quarentena e deve ser respeitada), o casal precisa recriar a conexão por meio de uma rotina. No início irá parecer que é uma obrigação, de ambos os lados. Ela pode sentir muita dor e incômodo com o sexo, ou seja, vocês vão voltar à estaca zero. Mas é crucial para a saúde do relacionamento que a conexão entre vocês seja restabelecida.

Não importa o quão cansado você ou ela estejam. Procurem uma babá, deixem a criança com alguém para que vocês recomecem e tenham um momento juntos. Nem que seja por apenas uma hora, mas reservem esse tempo de intimidade na agenda de vocês.

Em um primeiro momento, ela não vai concordar com isso, pois a atenção dela está voltada exclusivamente para a criança e ela pode estar com vergonha do próprio corpo. Mas a lembre com carinho e amor de que ela é uma mulher, nunca deixará de ser, e que é por essa razão que ela pôde se tornar mãe.

E para aumentar as suas chances de ter esse momento de intimidade, durante um dia inteiro observe todas as ações dela como mãe e como esposa. Vai perceber o quanto ela fica cansada por não dormir, por ter de amamentar de 3 em 3 horas, dar banho, cuidar de tudo na casa, de você e sem ajuda (já que a licença paternidade é de 5 dias, e você não está lá o tempo todo).

O cansaço é ainda maior quando ela é mãe de primeira viagem, em que ao menor gemido da criança ela já está a postos como uma leoa feroz a proteger sua cria.

Ajudá-la com pequenos gestos fará uma enorme diferença na vida dela, e pode ter certeza de que você será muito beneficiado com isso. Simples ações, como, por exemplo, ficar com o bebê para que ela possa tomar um banho mais demorado ou tirar uma soneca, lavar a louça, evitar deixar a casa desarrumada, ou até mesmo ficar com a criança para que ela possa chorar quando a carga for muito pesada.

Como disse anteriormente, chorar é nossa válvula de escape. Ela sabe que a conexão entre ela e a criança continua por intermédio da amamentação, que tudo o que ela sentir passará para o bebê. E, por essa razão, acaba sufocando os sentimentos, as angústias. Por isso é importante que você tenha a empatia pelo momento dela e ofereça o seu suporte com esse tempo, para que ela possa usar a válvula de escape do choro, como um momento de individualidade.

SEXO E FILHOS

Sei que os pais têm uma preocupação constante com os filhos, fazendo-os prioridade máxima, querendo livrá-los de todos os males e perigos, provendo a eles tudo o que não tiveram condições de ter. Mas em se tratando de sexo com a parceira, filhos não devem vir primeiro.

Quer matar o relacionamento em doses homeopáticas junto ao papel de mulher e homem, é começarem a se chamar de pai e de mãe em todas as situações. As crianças precisam entender que, para elas, a sua companheira é mãe, mas para você, é sua eterna namorada. Ponto.

É claro que, em algumas ocasiões, a criança pode pedir para dormir com os pais na cama, e é natural, uma vez que ela deve estar passando por alguma questão que ainda não conseguiu resolver e precisa se sentir segura. Contudo o espaço de intimidade do casal precisa ser preservado. Isso significa **não fazer sexo no mesmo espaço e muito menos permitir que a criança escute todas as performances do ato sexual.** Eu sei que você é bem criativo e vai arrumar um jeito...

Pode ser que a mulher também relute contra essa ideia (de ter um momento de intimidade). Mas nesse contexto cabe lembrá-la novamente de que assumimos vários papéis em nossa vida, e que precisamos dar espaço para que todos eles sejam originais e genuínos.

SEXO É OBRIGAÇÃO?

Em algumas culturas, acredita-se que é um dever da mulher prover ao homem a atividade sexual todas as vezes que ele sente vontade. Logo, mulheres não devem sentir prazer, pois esse é um direito exclusivamente masculino.

Por conseguinte, a mulher cresce acreditando que ela é uma "escrava sexual", o que acarreta no desconhecimento do próprio corpo, fragilizando a própria sexualidade. E qual o resultado? O homem acaba sendo rejeitado.

Contudo, se isso realmente fosse verdade, mulher nenhuma teria clitóris... Sabia que aquele pontinho que você não consegue enxergar (ou não quer) possui cerca de 8 mil terminações nervosas, enquanto a sua glande peniana tem míseras 3,5 mil? Sabia que esse pontinho minúsculo interage com mais outras 15 mil terminações que irrigam a pélvis? Inclusive o canal vaginal? E você aí se limitando a penetração...

Para que a sua companheira elimine esse hábito de te rejeitar (e se essa for uma crença muito forte na cabeça dela), não há outra maneira que não seja a mudança do **seu** comportamento. Eu sei que nem sempre você terá a paciência para esperar que ela esteja a fim, para fazer preliminares ou para esperar ela chegar ao orgasmo. Mas explore ao máximo outras partes do corpo para que ela possa carregá-lo de sentimentos, de memórias boas.

Claro que isso demanda tempo, paciência. Porém você não será mais tachado de "tarado matinal" e ela não se sentirá a "escrava sexual", sendo benéfico para ambos.

A TRÍADE: VINHO, FLORES E LINGERIE

Meu amigo, deixa eu te contar um segredinho... Quando vemos essa tríade, o nosso cérebro já processa: ele quer sexo. E adivinha o que você vai ter? Nada... A não ser que seja uma mulher plena e feliz com sua própria sexualidade, o seu esforço irá parar direto no lixo ou continuará dentro da sacola de presentes...

Praticamente todos os meus coachees reclamavam da seguinte maneira:

"Dasi, eu não entendo... Já trouxe vinho, flores, já comprei lingerie cara e ela não quer saber de sexo comigo! Não quis nem abrir a sacola! Do jeito que eu trouxe ficou... Já fiz tudo o que podia, mas ela não me abre espaço!"

Ela não te abre espaço porque você está focando os seus esforços em direção ao nosso Norte Magnético, e não no nosso Norte Verdadeiro!

Como já expliquei anteriormente, a nossa natureza nos faz escolher qual energia colocaremos para dentro de nós, e muitas vezes de forma inconsciente. Agora some essa informação ao fato de ela ter a crença de que o prazer não é um direito da mulher.

Você realmente acha que, em sã consciência, ela trocaria a própria energia de vida com alguém que poderá lhe roubar algo precioso? Não, meu bem, ela não vai... O que ficará gravado na memória dela todas as vezes que ver essa tríade é: sou apenas uma "escrava sexual". E quem é que acha certo ser escravo de algo? Acredito que nem mesmo você...

É claro que gostamos de receber flores, achamos o máximo tomar um vinho juntos e, se você souber o nosso gosto para escolher roupa íntima, não vamos reclamar... Mas as três coisas juntas (ou duas delas) já são suficientes para nos impedir de realizar algo que seja a vontade do Sol, e não da Lua...

Experimente fazer outras coisas, tais como uma massagem nos pés ou nas mãos com um creme que tenha um cheiro que ela goste. Mas se atente a não fazer nada muito sensual em um primeiro momento. Lembre-se de que a ideia aqui é que você crie novas memórias. Se for dar flores, não dê somente quando estiver querendo sexo. E não precisa ser uma dúzia de rosas. Uma de vez em quando já é o suficiente. E quanto à lingerie, dê esporadicamente algum conjunto que ela possa usar no dia a dia, que sejam confortáveis. Assim ela te olhará com outros olhos, pois verá alguém que estará cuidando do bem-estar dela, e não somente pensando em sexo todas as vezes que dá esse tipo de presentes...

E apesar de saber que o seu objetivo final seja esse, você dará o que ela precisa e terá o que quer. Coloque em prática a negociação para que seja um acordo justo para ambos os lados.

APETITE SEXUAL DESEQUILIBRADO

Um dos maiores problemas dos casais é a diferença de desejo sexual. Temos a tendência a acreditar que todos os homens têm mais apetite sexual que mulheres, o que nem sempre é verdade.

Existem muitos homens que não têm tanta energia assim, mas que se veem na obrigação de ter porque nos disseram que é esse o padrão a ser seguido. E, por outro lado, mulheres com muita energia sexual se sentem mal por terem essa natureza.

Devido a essa "padronização", o homem que se relaciona com mulheres que possuem uma energia sexual maior que a dele tem a tendência de categorizá-las na sessão "não confiável", enquanto o consenso para os homens com baixa energia sexual é chamá-los de "frouxos".

Contudo o que precisa ficar claro é que não existe essa verdade absoluta, que homens têm mais energia sexual do que mulheres. Mas sim que energia vital pode ser direcionada para a geração de qualquer tipo de vida. E se o homem tem mais energia sexual que a companheira, deve procurar outras formas de utilizar essa energia, direcioná-la para outros objetivos, tais como atividade física, tomar melhores decisões, pensar fora da caixa, ter mais criatividade e assertividade.

Da mesma forma, a mulher deve fazer atividades que aumentem o seu nível de energia, tais como as práticas já descritas anteriormente, para que o casal tenha um equilíbrio e possa se beneficiar dessa troca. E agora que você tem o conhecimento necessário, pode ajudá-la na descoberta do próprio corpo e sexualidade.

O contrário também é válido. Não se limite às sensações que pode ter de seu próprio corpo aos seus genitais. Sugira a ela que te toque em toda a extensão da pele, para que você também tenha uma nova programação corporal, uma memória de sensações boas. Você não será menos homem porque a mulher estará te "alisando", tocando em toda a sua pele... E vai por mim, um toque sutil e suave pelo corpo às vezes é muito melhor que qualquer oral...

Se ela tiver problemas em aceitar isso, faça você primeiramente nela e diga que gostaria de ter o mesmo tipo de sensação. Assim nem você e nem ela ficarão frustrados todas as vezes que ela quiser sexo e você não estiver tão bem disposto.

TAMANHO É DOCUMENTO?

Eu sei que uma das maiores preocupações do universo masculino é o tamanho do fiel amigo... Mas a verdade absoluta no mundo feminino é: saber e não fazer é o mesmo que não saber.

Como você já deve ter reparado, não sou muito delicada para falar as coisas... Mas eu vou tentar traduzir essa frase de uma forma que não fira tanto os seus sentimentos, ok? Vamos lá...

Não adianta ter um membro do tamanho de um cavalo se só o que você sabe fazer é se movimentar igual uma britadeira e machucá-la! Da mesma maneira que não adianta você reclamar que o seu amigo é pequeno se não sabe quais posições o favorecem mais!

Ou seja, não é o tamanho que vai determinar o seu sucesso com a mulher, mas sim a maneira como você utiliza os recursos que tem...

Como você não vai encontrar duas mulheres com a mesma anatomia, fica difícil padronizar o que deve ser feito, principalmente porque vai depender muito da consciência corporal dela. Mas basicamente as mulheres têm alguns pontos no canal vaginal que são interligados ao clitóris. O maior e mais conhecido (ponto G) fica na parede superior da vagina, de 3 a 5 cm para dentro do canal, enquanto os demais pontos ficam mais próximos do colo do útero. Então essa história de que você precisa ter um membro do tamanho de um elefante não procede.

A mulher tem uma capacidade orgástica que, se bem desenvolvida, pode ocasionar orgasmos múltiplos, e por tempo tendendo ao infinito (pode morrer de inveja agora). Mas para que ela tenha essa capacidade desenvolvida, precisa começar pelo conhecimento do próprio corpo e da sua paciência.

Sim, eu sei que nós deveríamos conhecer de cor e salteado onde temos mais prazer, o que nos faz ficar loucas.

Mas infelizmente essa não é a nossa realidade. Aprendi na engenharia de projetos que eu deveria conhecer o problema. Mas para entregar resultados, precisava focar na solução. E é por essa razão que eu escrevo. Porque eu entrego resultados. Porque eu sei que sozinha não conseguirei mudar a consciência corporal de tantas mulheres.

Mas com a sua ajuda, tenho certeza que essa realidade será diferente. Além de ficar mais feliz e satisfeito, tenho plena convicção de que você terá muito sucesso. Contudo isso só será possível se você for capaz de abrir a mente e o coração, não ter pré-julgamentos sobre o que eu te escrevo.

Se você conseguir ajudar sua parceira no conhecimento do próprio corpo, o tamanho do seu amigo não fará a menor diferença. Uma vez que o conhecimento se torne prática, será mais fácil e prazeroso para ambos.

O KAMA SUTRA

Eu sei que você adora uma posição na qual se sente o garanhão dominador. Mas o que você precisa entender é que, se quer ser eficaz na arte de dar prazer a uma mulher, é preciso conhecer primeiro o terreno.

Ou seja, explorar a anatomia dela, estar atento às respostas que o corpo dela tem aos seus toques e somente depois ir para o ataque deveria ser a rotina de todas as vezes em que vocês vão fazer sexo.

Isso pode parecer ridículo aos seus olhos, mas por que você acha que tem dias que ela fica louca em uma determinada posição, mas em outros parece que não faz nem cócegas?

Mulheres não têm um padrão! A cada dia é uma Lua diferente, em uma posição diferente!

É claro que você pode (e deve) tentar as posições que te agradam mais. Mas fazer do ato somente do jeito e da forma como você quer não vai fazer a sua mulher ficar mais a fim, pode ter certeza. Quanto mais egoísta, menos chances de sucesso. Aqui também é uma negociação. Deve ser bom para ambos.

Para te ajudar a criar um hábito de exploração, use os dedos em um primeiro momento ao invés de ir diretamente para a penetração. Assim você saberá onde ela se sente mais estimulada e terá condições de escolher as posições que favoreçam esse estímulo.

FINGINDO ORGASMO

Sim, essa também é uma triste realidade... Muitas mulheres incorporam a atriz no momento do ato sexual e fingem estarem sentindo um prazer que não passa nem perto do potencial dela.

A dura e cruel verdade é que, fingindo um orgasmo, elas estarão protegendo você. O que elas não querem é te desapontar. É não ferir os sentimentos do homem, já que para vocês é uma questão de virilidade.

Em alguns casos, a atuação é tão convincente que a mulher chega a tremer, segura forte o lençol, e por aí vai... E há o agravante dela não falar se está bom ou não quando você pergunta.

Mas para você não dar tantos tiros no escuro, comece fazendo alguns testes.

Se ela estiver sentindo prazer, ela vai ficar lubrificada e a parede do canal começará a inchar. É muito importante observar o clitóris, estimular bastante com os dedos e observar quando ela se lubrificar também. Pense que o clitóris é o seu joystick e o abdômen é o seu monitor.

Pare de ficar olhando ela fazer caras e bocas, segurar lençol ou a cabeceira da cama. Toda a sua atenção e foco precisa estar no abdômen, porque todas as reações que ela estiver tendo aos estímulos que você fizer vão ser reproduzidos na barriga.

Quanto a você perguntar para ela se está agradando, o que ela quer etc., têm mulheres que não gostam de "falatório" durante o ato. Se ela não mandar você calar a boca, continue perguntando. Será melhor para você entender o que ela quer e estimulá-la a falar o que deseja.

Já com relação às palavras de "sacanagem", eu sugiro fortemente que antes de começarem, pergunte se ela gosta disso. Tem mulheres que simplesmente não suportam, e se você der o bola fora de falar algo que ela não quer ouvir, esquece... Nem que você passe 20 anos fazendo oral nela, ela terá uma memória muito boa do seu desempenho.

ELA CHORA DEPOIS DO SEXO

Bom, existem três hipóteses para esse fenômeno que você pode considerar bizarro.

A primeira é ela ter odiado o coito. Isso você só saberá se ela não conseguir dizer depois de forma sincera que ela gostou. E mesmo que ela afirme que está tudo bem, ela não fará questão de ficar próxima de você nas horas seguintes... Ou seja, ela vai vestir a roupa e vai cair fora.

A segunda é ela ter tido um baita orgasmo. No momento em que isso acontece, a sensação é tão forte que a pessoa pode experimentar o choro. E isso não é característica exclusivamente feminina. Os homens quando conseguem fazer a subida de energia também choram e muito.

Como eu já disse lá no Capítulo 3, no ato sexual estamos movimentando e trocando energia vital, de geração de vida. Essa movimentação pode acontecer entre os sete eixos principais de distribuição de energia que temos espalhados pelo corpo, sendo o primeiro localizado lá no períneo e o último, que é relacionado à glândula pineal, no topo da cabeça. São os famosos chakras.

Em uma relação sexual normal, essa energia tende a ficar mais próxima dos chakras baixos. Mas quando a pessoa consegue movimentar e subir essa energia, alcançando a glândula pineal, ela experimenta as sensações de contato com o que é sagrado, com a espiritualidade. Ela transcende e expande a própria consciência.

Nesse momento ela experimenta o choro porque entende que o sexo não é simplesmente pênis em vagina, mas sim geração de vida. Então passa a respeitar mais, a viver de acordo com a sua verdade, com os seus valores e com a sua ética porque sabe direcionar a energia para esse fim.

A terceira hipótese (e a que requer mais cuidado) é ela ter revivido uma memória de violência ou abuso sexual. Ela pode até não ter a consciência dessa memória, mas, como já expliquei, o corpo não mente e não esquece.

As reações podem ser as mais variadas, inclusive ser confundida com a primeira hipótese. Mas é importante dar o seu suporte, carinho e procurar deixá-la à vontade para compartilhar contigo o que a aflige.

Nesses casos, a melhor solução é procurar ajuda profissional.

A EJACULAÇÃO PRECOCE E A REAÇÃO FEMININA

Devo confessar que não é uma situação muito agradável para a mulher quando o homem tem ejaculação precoce. Mas sabe o que é definitivamente pior? O cara ejacular muito rápido e não dar a mínima atenção para nós...

Eu sei que essa é uma situação muito frustrante para o homem. Mas ser estimulada e depois ver o companheiro dando as costas na cama não ajuda.

A maioria dos casos que atendo de homens com ejaculação precoce se deve à ansiedade. Então, para que você não se frustre mais e ela não peça o divórcio, sugiro que você utilize outros recursos para dar prazer a ela que não seja a penetração.

E aqui vale beijo, massagem, usar os dedos, a língua... Enfim, use sua criatividade para fazer com que ela se sinta satisfeita. Assim você ficará menos encanado com a precocidade e ela não se sentirá abandonada.

Ah, e muito importante, vá se cuidar procurando um profissional especializado.

FALHEI, E AGORA?

Outra situação extremamente frustrante para o homem e que tem reflexo diretamente na reação feminina.

Mas diferentemente do caso de ejaculação precoce, algumas mulheres tendem a sentir culpa pela falha do homem. Em outros casos, o acusam e não querem mais continuar o ato.

Contudo, independente da reação feminina, você e a sua saúde devem ser a sua maior prioridade. Se você sofre com esse problema, procure ajuda de um profissional especializado em disfunções sexuais.

É importante frisar esse aspecto porque o homem que sofre de impotência e não se cuida tende a evitar o contato sexual, a alimentar sentimentos de raiva ou desilusão com relação à parceira. Quanto mais ele se afasta, pior fica a situação. Caso aconteça, procure manter a calma e usar de outros artifícios. É claro que o mais lógico seria ter uma relação de forma natural. Mas se ocorrer, entrar em desespero não te ajudará a reverter a situação. O que fará diferença é você ter o conhecimento prévio dos pontos em que ela sente mais prazer.

Por isso é muito importante realizar o mapeamento corporal antes de começarem. Assim você terá condições de decidir qual caminho, qual trilha irá percorrer para que ela sinta prazer.

Se a impotência for um caso clínico irreversível, agora você tem o conhecimento e sabe que existem outras formas de proporcionar prazer à sua parceira que não se limitam à penetração.

E o mesmo cabe a você. Se permita ser tocado em outras partes do corpo, se permita receber novos estímulos.

ELA QUER CONVERSAR, E EU... QUERO DORMIR...

Não há um consenso sobre a reação feminina depois do sexo. Não são todas as mulheres que gostam de falar até não poder mais... Mas se essa for uma característica dela e você tem o costume de tirar uma soneca, fale sobre isso ANTES de virar de lado, cair no sono e dormir até roncar! Não há nada pior do que se sentir "largada", ainda mais se for uma daquelas experiências marcantes para nós.

Pode ser algo do tipo: *"Querida, eu preciso dormir alguns minutos... Podemos conversar quando eu acordar? Assim prestarei mais atenção no que você diz."*

Pronto. Problema resolvido. Não demora nem 20 segundos para falar essa frase, ela não se sentirá mais largada e você terá o merecido descanso.

Eu sei que também existem mulheres que não têm a mínima paciência para conversar depois do coito, enquanto o cara insiste falar igual uma metralhadora. Então, o contrário também vale. Deixe claro que você quer praticar as suas habilidades de comunicação falada e pergunte se para ela está tudo bem.

Para que você tenha sucesso nos seus esforços e aumentar as suas chances de "extrair mais ouro da sua mina", o mais adequado é agir antes de instaurar o "climão". Conversem sobre esses aspectos previamente.

Se for a primeira vez que você estiver saindo com a mulher, é possível descobrir a reação dela antes de irem para as vias de fato, somente dando informações sobre você mesmo, sobre como você age. Assim ela vai saber exatamente o que a espera. E se ela reclamar sobre a sua atitude, você terá como argumentar depois. Você é inteligente e eu tenho certeza de que vai conseguir obter essa informação...

capítulo 5

VALORIZANDO O SEU OURO NA BOLSA

Neste capítulo, vamos falar um pouco sobre como potencializar os seus resultados. Não somente com as mulheres, mas em sua vida no geral, te ajudando a olhar sob vários ângulos e pontos de vista diferentes.

E por que isso é importante? Porque nem sempre conseguimos ver os nossos pontos fracos. E é conseguindo minimizar os seus pontos fracos e maximizar os seus pontos fortes que você terá melhores resultados.

Quando comecei a estudar Desenho Técnico no colégio, entrei em parafuso. Eu não conseguia ver o que precisava ser visto em todas aquelas perspectivas diferentes que os homens com tanta facilidade conseguiam. Por mais que eu tivesse noção de profundidade, aquelas perspectivas, cortes e detalhes não faziam o menor sentido para mim.

Até que, de tanto praticar, consegui enxergar o que achava impossível, ter aquela "visão além do alcance". Desenhos e sobreposição de perspectivas no AutoCAD viraram fichinha para mim.

E talvez seja por esse motivo que eu era muito boa para trabalhar com projetos. Inclusive meus amigos e colegas de trabalho não entendem até hoje porque deixei a Engenharia, pois segundo eles eu era "o cara" no que fazia e eles não me viam de outra forma, fazendo outra coisa.

Mas eu era "o cara" porque sabia de minhas limitações e honrava o conhecimento deles. Com a ajuda dos meus chefes e colegas de trabalho, fui aos poucos percebendo que não adiantava nada me preocupar somente com a parte elétrica. Eu precisava entender, respeitar e saber o mínimo de Arquitetura, Engenharia Civil, Mecânica, estrutura metálica, tubulação, ar condicionado e instalação hidráulica, pois tudo isso interferia diretamente no meu trabalho.

Com relação a mulheres, o conceito é o mesmo. Não adianta você querer "comer um bolo" se não estiver disposto a misturar os ingredientes necessários e esperar o tempo que for necessário para assar...

Para cada tipo de bolo, os ingredientes são diferentes. E para encontrar os ingredientes certos, é preciso olhar para prateleiras, mercados diferentes, até encontrar o ideal. Ou seja, é olhar através de várias perspectivas e planos, é projetar o que mais pode interferir no gosto do seu bolo. E eu sei que você é muito bom para enxergar em 3D, mas deve solar (ou já solou) muitos dos bolos que fez...

Então, vamos usar essa sua incrível habilidade para mudar os seus resultados minimizando os pontos fracos que você tem.

"Como eu vou conseguir isso, Dasi?" Simples. Tudo o que nós pensamos se transforma em sentimentos, que por sua vez se transformam em ações. Esse conjunto de ações se transformará em um hábito, que irá definir os seus resultados. E o que interfere no pensamento? O que você vê!

Sabe quando tudo acontece de errado na sua vida e você pensa *"Quanto mais eu rezo, mais assombração me aparece"*? Pois bem, é isso mesmo que você vai ter se não começar a mudar a forma como enxerga as coisas. Sabe por quê? **Porque a perspectiva geométrica da sua realidade foi você mesmo que criou.**

Deixa eu te perguntar... Você acordou com a cabeça de outra pessoa no lugar da sua? Esse par de olhos aí é de outra pessoa? Esse é o pênis de outro homem? Não? Então não culpe as outras pessoas pelos seus resultados.

Mude o seu foco, mude o seu ângulo de visão. Ao invés de focar no que você não tem, foque no que tem e seja grato por isso!

Ser grato não é simplesmente dizer "ah, obrigado". É reconhecer tudo que você tem, adquiriu ou passou em sua vida que foram essenciais para ser a pessoa que você é hoje! Não importa se é bom ou ruim, são os seus resultados!

Quer um exemplo de como mudar o foco e ser grato? Então vamos lá... Seguem alguns:

1. Ao invés de reclamar que ela está gastando o seu rico dinheiro no cabeleireiro, agradeça porque ela está se esforçando para ficar todos os dias bonita, inclusive para te agradar.

2. Ao invés de reclamar por ficar com as crianças enquanto ela faz uma viagem a trabalho ou está focando na vida profissional, agradeça por estar vivo, acompanhando o crescimento dos filhos.

3. Ao invés de reclamar porque ela não tem o mesmo apetite sexual que o seu, agradeça pelo fato de ela cuidar de tudo para que você possa descansar em um ambiente organizado, onde tenha roupas de cama, toalhas, suas meias e cuecas limpas e passadas.

4. Ao invés de reclamar porque tem uma pia lotada de louça para lavar, agradeça pelo fato de ter comida na mesa.

5. Ao invés de reclamar do seu trabalho, agradeça por ter o seu salário pago todos os meses e ser capaz de prover a você e à sua família.

"Mude o seu foco, mude o seu ângulo de visão."

Não espere que ela vá mudar o comportamento enquanto você enxergar que tudo o que ela faz não é mais do que a obrigação.

E se for ao contrário, de ela achar que você não faz mais do que a obrigação quando cuida dos filhos, ou quando cuida dela, ensine-a a olhar por outras perspectivas, ajude-a com a sua habilidade espacial, de olhar por outros ângulos.

No começo é um pouco difícil, mas é igual a aprender a andar de bicicleta. Quando estamos aprendendo nós caímos, ralamos o joelho, ou até quebramos os membros e dentes. Mas uma vez que aprendemos, nunca mais esquecemos, não é?

"Ah, mas eu tô cheio de problemas, como é que vou agradecer por problemas?" Então... Ser grato não significa se conformar com os problemas, com a situação em que vive. Mas sim enxergar a oportunidade de aprendizado que você está tendo e utilizar isso a seu favor, evitando repetir as mesmas ações no futuro.

Gratidão nos faz aumentar a frequência de vibração corporal. Nos faz sentir em paz, tranquilos, saciados, pois temos a convicção de que o que temos é o suficiente para que possamos viver bem. E quanto mais sentimentos bons produzimos, mais ações boas teremos, melhorando os nossos resultados.

Tudo bem que você precisa se manter focado no que você quer. Mas se ainda não conquistou o que deseja, agradeça os aprendizados e o quanto você já percorreu. Observe que tudo o que você faz muito bem veio por intermédio de conhecimento, prática e repetição.

Por isso, mude as suas frases para que elas terminem em algo bom, para que a última coisa que você tenha registrado na memória seja algo bom, e dessa maneira gerar um sentimento bom. Assim você produzirá ações direcionadas para conseguir alcançar os resultados que espera, pois estará mais motivado.

Pratique a gratidão todos os dias. Faça pelo menos 10 agradecimentos diários por coisas boas que aconteceram no passado, que estão acontecendo hoje ou que você quer que aconteça no futuro. Não se limite a tempo e espaço em seus agradecimentos, porque a intenção é você ser abundante em vários aspectos da sua vida, correto?

Ensine à sua família, aos seus filhos, esse poder imenso que é a gratidão. E ensine à sua companheira a desenvolver essa habilidade fantástica que você tem de olhar por vários ângulos diferentes. Será mais benéfico do que você imagina...

Seja grato por todas as mulheres que passaram pela sua vida e que te ensinaram o que se deve ou não fazer a um homem, como se deve ou não tratar uma mulher. Assim você será capaz de ajudar os seus filhos, sobrinhos, netos e uma geração inteira de novos homens e mulheres a se relacionarem melhor, com mais respeito, amor e empatia pelo próximo.

Seja grato por todas as mulheres que foram ou são importantes em sua vida. A todos os sacrifícios que toda uma geração de mulheres e homens passou para que você viesse ao mundo.

Seja grato pela sua vida! E você verá que, assim como na Lei da Atração, você terá todos os resultados que desejar!

É HORA DE TRABALHAR! BORA, CRIATURA!

Eu gostaria muito de agradecer a você que me deu este voto de confiança ao ler este livro.

Sei que não sou o maior modelo de delicadeza da face da terra, mas acredito que esse seja um dos meus maiores pontos fortes, uma das maiores vantagens em trabalhar com homens.

Aprendi com os homens com quem trabalhei a não levar nada para o lado pessoal. Que não adianta guardar mágoas depois de uma "comida de rabo". Sei que talvez fiquem chateados no começo. Mas depois já estão confraternizando no bar, tomando cerveja juntos.

Então, a tarefa de falar em uma linguagem que você entenda foi fácil para mim. Posso falar a realidade, sem precisar dar muitas voltas, que não levará isso como algo ruim, ou passará a vida ressentido comigo. Difícil foi escrever de uma forma objetiva todos os assuntos que perturbam a mente masculina em tão poucas linhas. Nesse aspecto eu sou bem menininha...

Mas de coração, quero que você saiba que todos os "puxões de orelha", todo esse "chicoaching" foi para o seu próprio bem, para diminuir esse abismo que existe entre homens e mulheres. Todos nós temos as duas faces, todos nós viemos da junção de um homem e uma mulher. Então não há sentido aumentar ainda mais essa distância.

Acredito que quando unimos forças, podemos superar qualquer desafio. É como diz o provérbio africano: "Se quiser ir rápido, vá sozinho, mas se quiser ir mais longe, vá acompanhado".

Por isso, como mulher, peço a sua ajuda. Eu sozinha não vou conseguir mudar a cabeça de tantas mulheres e fazê-las acreditar que, para serem completas em sua sexualidade e em seu relacionamento afetivo, devem conhecer o próprio corpo, a sua própria lunação interna.

Mas com a sua força, objetividade, liderança e principalmente com o seu amor, seremos capazes de ir muito longe, seremos capazes de impactar milhares de mulheres e, por consequência, mudar a realidade de milhares de vidas. E uma vez que essa rede "Wi-Fi" feminina entrar em sintonia, na mesma velocidade de transmissão, homens e mulheres terão muito mais qualidade de vida, serão muito mais felizes no exercício de sua sexualidade.

Sendo assim, espero que você avalie, pense com carinho em tudo que escrevi, em todas as dicas que te passei e as coloque em prática. Quero muito que você tenha uma vida extraordinária, um relacionamento feliz ao lado da pessoa que você ama!

Eu não vou te convidar para tomar cerveja e comemorar os seus progressos depois de todos esses "puxões de orelha" (mesmo porque eu nem gosto de cerveja). Mas gostaria muito que você me desse um feedback sobre a sua experiência com as dicas do livro! Você pode mandar os seus comentários para o e-mail contato@eycoaching.com.br.

Se tiver também alguma outra questão que você queira saber e que não tenha sido respondida aqui, também peço por gentileza enviar as sugestões para este e-mail contato@eycoaching.com.br. Quem sabe não escrevo a continuação...

Gratidão pelo seu tempo, pelo seu carinho!

Um grande abraço, um grande beijo e até mais!

BIBLIOGRAFIA CONSULTADA

ESTÉS, Clarissa Pinkola. *Mulheres que correm com os lobos:* mitos e histórias do arquétipo da Mulher Selvagem. Rio de Janeiro: Rocco, 2014.

GRAY, Miranda. *Descubra as deusas dentro de você.* São Paulo: Êxito Editorial, 2014.

OWEN, Lara. *Seu sangue é ouro.* Rio de Janeiro: Rosa dos Tempos, 1994.

FAUR, Mirella. *O legado da Deusa.* São Paulo: Alfabeto, 2016.

PIONTEK, Maitreyi D. *Desvendando o poder oculto da sexualidade feminina.* São Paulo: Cultrix, 1998.

LUZ, Marcia. *A Gratidão transforma os seus pensamentos.* São Paulo: DVS Editora, 2017.

RIBEIRO, Zilda Fernandes. *A mulher e seu corpo:* Magistério eclesiástico e renovação da ética. Aparecida: Santuário, 1998.